로직아이 샘

2단계 파랑

펴내는 글 & 일러두기

로직 있는 아이를 위하여...

독서는 감동입니다. 감동은 집중력을 높여 줍니다. 어렸을 때 감동하면서 책을 읽은 아이들이 다른 일도 잘합니다.

독서는 핵심입니다. 핵심을 파악해야 발전합니다. 모든 사건에는 핵심이 있고 모든 일은 핵심을 중심으로 전개됩니다. 독서는 전체의 흐름과 핵심 파악에 도움을 줍니다.

독서는 꿈입니다. 독서는 꿈의 실현이 아니라 꿈을 꾸게 하는 다리입니다. 꿈을 꾸는 사람만이 꿈을 이룰 수 있습니다.

독서는 미래이고 희망입니다. 병들기 전에 병을 치료하는 일이 좋은 일이듯, 문제가 발생하지 않도록 하는 일이 중요합니다. 독서는 병들기 전에 치료하는 최고의 보약입니다.

〈로직아이〉는 모든 선생님과 학부모 그리고 대한민국 모든 아이들이 건강하고 행복하기를 기원합니다.

집필자들을 대신하여
(주) 로직아이 리딩교육원 원장 박우현

교재의 특징

▶ 이 교재는 독서지도를 위한 교재입니다. 그러나 이 교재의 사용은 자연스럽게 글쓰기 논술 실력도 늘게 할 것입니다.
▶ 이 책에는 해당 책을 이용한 PSAT(공직 적격성 평가: 행정 고시, 기술 고시 1차 시험) LEET(사법 고시를 대신하는 법학 전문 대학원 입학시험 문제) 형식의 문제가 수록되어 있습니다. 아이들에게 대입 수능 시험 형식이나 고급 공무원 시험 형식에 대해 친근한 느낌을 갖게 할 것입니다.

교재 사용 방법

1. 이 교재를 사용하기 위해서는 가르치는 사람과 아이들은 해당 책을 읽어야 합니다. 그 후에 교재 속의 문제들을 풀면 그것만으로도 그 책을 다시 한번 읽는 셈입니다.
2. 단계별로 구성되어 있지만, 아이들의 성향이나 독서 능력에 따라 자유롭게 활용해도 무방합니다.
3. 각각의 교재는 6권의 책으로 구성되어 있지만, 그 순서는 교사나 학부모가 정할 수 있습니다. 아이들의 취향이나 선생님의 지도 방법에 따라 선택 지도할 수 있습니다.

〈감사의 말씀〉 이 교재 속에 수록된 텍스트와 이미지 사용을 허락해 준 모든 출판사에 감사드립니다.

목차

황소와 도깨비
4쪽

구름을 키우는 방법
14쪽

한밤의 선물
24쪽

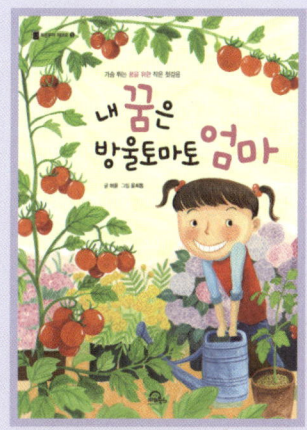
내 꿈은 방울토마토 엄마
34쪽

위대한 건축가
안토니오 가우디의 하루
44쪽

빨간벽
54쪽

황소와 도깨비

이상 글 | 한병호 그림 | 다림

영역 | 문학 언어
주제 | 생명 존중

목표

1. 이야기를 읽고, 재미있는 내용을 여러 가지 방법으로 표현할 수 있다.
2. 주인공의 착한 마음과 행동을 통해 생명에 대한 소중함과 서로 간의 믿음이 중요함을 알 수 있다.

줄거리

돌쇠는 자기 황소를 끔찍이 여기지만, 꼬리 잘린 도깨비 산오뚝이가 불쌍하게 애원하자 산오뚝이를 황소의 배 속에서 두 달 동안 살게 해 준다. 산오뚝이는 자기의 꼬리가 다 자랄 때까지 황소 배 속에서 살게 해 준 보답으로 황소의 힘을 열 배나 세어지게 해 준다.

도서 선정 이유

우리네 조상들은 소를 단순한 가축이 아니라 가족처럼 여기며 소중하게 길렀다. 하찮은 생명일지라도 어려운 일에 처해 있다면 도와주어야 하며, 세상은 혼자서는 살 수 없다는 것을 알게 해 준다. 이 책을 통해 생명의 소중함과 서로에 대한 믿음, 약속의 중요성을 알 수 있다.

1 다음 표에서 연결하여 만들 수 있는 낱말에 동그라미 해 봅시다. 어떤 낱말을 만들 수 있나요?

겨	황	소	산
울	하	품	도
돌	쇠	꼬	깨
재	주	리	비

○ ....

○ ....

2 동화책 표지에 황소의 배가 부른 이유는 무엇 때문일까요? 황소의 배 속에 무엇이 들어 있을지 상상해서 그려 보세요.

3 내가 그린 그림을 소개하고 이야기를 나누어 보세요.

4 짝과 함께 돌쇠와 황소가 되어 하품하는 놀이를 해 보세요.

1 돌쇠는 언제 도깨비를 만났나요? (4쪽)

2 돌쇠가 만난 도깨비의 이름은 무엇인가요? (6쪽)

3 돌쇠는 왜 자신의 황소 배 속에 도깨비를 들어가게 했나요? (10–12쪽)

4 도깨비가 두 달이 되어도 황소의 배 속에서 나오지 못한 이유는 무엇인가요? (22쪽)

5 돌쇠는 왜 도깨비에게 '속아서' 황소 뱃속을 빌려 주었다고 생각했나요? (26쪽)

6 도깨비를 황소의 몸 밖으로 나오게 하려고 돌쇠는 어떻게 했나요? (24쪽)

7 황소는 어떻게 해서 하품을 하게 되었나요? (30쪽)

8 결국 황소는 얼마나 더 힘이 세어지게 되었나요? (35쪽)

황소와 도깨비 | 7

책·을·깊·게·읽·는·아·이·들

1 돌쇠는 왜 "황소의 힘을 10배나 세게 해 준다."는 도깨비의 말을 그대로 믿었을까요?

2 돌쇠는 도깨비 때문에 애지중지하던 황소를 잃을 뻔했습니다. 그런데도 돌쇠는 왜 '도깨비 아니라 귀신이라도 불쌍하거든 살려 주어야 하는 법이야.'라고 생각했을까요?

3 도깨비 새끼가 황소의 배 속에서 나온 후, 돌쇠가 그때까지의 일이 꿈인지 생시인지 잠깐 동안 분간할 수 없었던 까닭은 무엇일까요?

4 다음 그림들의 차이점은 무엇인가요?

5 만약 돌쇠가 도움을 청하는 다른 도깨비를 만나면 또 다시 도와줄까요?

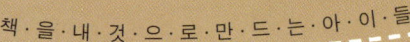

1 다음 상황들마다 황소는 어떻게 생각했을까요? 여러분이 황소의 입장이 되어 각각의 상황에 맞게 생각해 보세요.

돌쇠가 도깨비를 배 속에서 살도록 허락해 줄 때

열 배나 힘이 세어졌을 때

도깨비 때문에 배가 아플 때

돌쇠가 눈물을 흘리며 자신을 바라볼 때

2 여러분이 돌쇠의 황소라면 어떻게 이야기할까요? 다음의 빈칸에 자신의 생각을 써 보세요.

나는 돌쇠의 황소입니다.
나는 불쌍한 도깨비를 살려준 일은 (잘한 일, 잘못한 일)이라고 생각합니다.
왜냐하면 :
그런데 :
하지만 :
그래서 :

3 멀쩡해진 산오뚝이 입장에서 돌쇠 아저씨께 편지로 고마움을 이야기해 보세요.

4 산오뚝이는 도깨비 나라로 돌아가 그동안 있었던 일을 이야기했어요. 그래서 도깨비 대왕이 돌쇠에게 상을 주기로 했어요. 상상력을 발휘하여 멋진 상장을 만들어 주세요.

상 장

이름 : 돌쇠

다음 글을 읽고, 물음에 답하세요. (1~2)

어느 겨울날, 장에 갔다가 집으로 돌아오는 길이었습니다. 별안간 하늘이 흐려지더니 히뜩히뜩 진눈깨비까지 뿌리기 시작했습니다. 돌쇠는 황소가 눈을 맞을까 봐, 잠시 주막에 들어가 쉬었습니다. 다행히 눈은 ㉠ (   ). 돌쇠는 황소를 끌고 급히 길을 떠났습니다.

그런데 날이 흐려서인지, 반도 못 와서 어두워지기 시작했습니다.

"야단났구나. 날은 춥고 길은 어둡고, 그렇지만 할 수 있나. 자, 어서 가자."

㉡ 돌쇠의 말을 알아들었는지, 황소도 딸랑딸랑 뚜벅뚜벅 걸음을 빨리합니다.

얼마쯤 오는데, 갑자기 숲속에서 이상한 놈이 뛰어나왔습니다.

"아저씨, 제발 살려 주세요."

녀석은 사람인지 원숭인지 분간할 수 없는 얼굴에 갸름한 팔다리를 가졌고, 까뭇까뭇한 살결과 우뚝 솟은 귀에 작은 꼬리까지 달려서 고양이 같기도 하고, 개 같기도 했습니다.

 본문 4쪽에서

1 ㉠ (   )에 가장 어울리는 말은?

① 많이 내렸습니다.
② 금방 그쳤습니다.
③ 펑펑 쏟아졌습니다.
④ 천천히 그쳤습니다.
⑤ 끝내 그치지 않았습니다.

2 밑줄 친 ㉡은 어떤 뜻일까?

① 얼른 집에 가자.
② 얼른 장으로 가자.
③ 잠시 눈싸움하다 가자.
④ 얼른 장에 갔다가 가자.
⑤ 잠시 주막에 들어가 쉬었다 가자.

3 다음 글에서 돌쇠가 손뼉을 친 이유는?

> 실망한 돌쇠는 꼼짝 않고 외양간 앞에 앉아 황소만 쳐다보았습니다.
> 황소도 자기의 신세를 깨달았는지, 슬픈 표정으로 돌쇠를 보고 있었습니다. 그러다가 피곤하고 졸렸던지 돌쇠가 하품을 하였습니다.
> 그때입니다. 돌쇠가 하품을 하는 것을 본 황소가 따라서 하품을 시작했습니다.
> "옳지. 됐다!"
> 돌쇠가 껑충껑충 뛰며 좋아라 손뼉을 칠 때입니다.
> 벌어진 황소 입으로 통통히 살찐 새끼 도깨비가 깡충 뛰어나왔습니다.
>
> 본문 29~31쪽에서

① 피곤하고 졸려서.
② 황소가 돌쇠만 바라보아서.
③ 황소가 자기의 신세를 깨달아서.
④ 돌쇠가 하품을 하는 것을 본 황소가 따라서 하품을 해서.
⑤ 벌어진 황소 입으로 통통히 살찐 새끼 도깨비가 깡충 뛰어 나와서.

4 다음 문장의 형식과 <u>다른</u> 문장은?

> 날씨까지 추워 상처 난 꼬리가 쑤시고 아팠습니다. 그래서 꼼짝 못하고 숲속에 있다가, 마침 돌쇠가 지나가는 것을 보고 살려 달라고 뛰어나온 것입니다.
>
> 본문 8쪽에서

① 돌쇠는 열심히 나무를 팔러 다녔습니다. 그래서 돈도 많이 모았습니다.
② 제가 살이 너무 많이 쪘나 봐요. 소 모가지가 좁아서 빠져 나갈 수가 없어요.
③ 어느 산골에 돌쇠라는 나무 장수가 있었습니다. 돌쇠는 부모도 친척도 없이 혼자 살았습니다.
④ 어떻게 해야 소가 하품을 하는지 알 수가 없었습니다. 그래서 옆구리도 찔러 보고 콧등을 쓰다듬어 보기도 했습니다.
⑤ 황소의 힘이 열 배나 세진 것입니다. 그전에는 하루 종일 걸리던 장터를 나무를 가득 지고도 하루에 세 번씩이나 왕래했습니다.

구름을 키우는 방법

테릭 펜 · 에릭 펜 글그림
이순영 옮김 | 북극곰

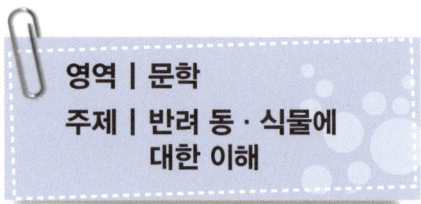

영역 | 문학
주제 | 반려 동 · 식물에 대한 이해

1. 책 속의 상황과 그림을 보고 자유롭게 상상할 수 있다.
2. 반려동물과 반려식물에 대한 경험을 생각해 볼 수 있다.
3. 우리가 일상에서 만나는 것들과의 관계를 생각할 수 있다.

줄거리

리지는 부모님과 산책 나간 공원에서 평범한 구름을 하나 입양한다. 리지는 구름을 키우는 방법을 살펴보며 정성스럽게 구름을 키운다. 무럭무럭 자란 구름은 천장을 다 덮을 정도로 커진다. 고민하던 리지는 『구름을 키우는 방법』의 안내서에서 가장 중요한 규칙을 잊고 있었다는 것을 깨닫는다. 리지는 구름을 잘 키울 수 있을까?

도서 선정 이유

이 책은 리지가 구름을 입양하고 키우는 과정을 그린 책이다. 누구나 반려동물이나 반려식물을 기르고 싶어 한다. 그러나 사람들은 반려동물이나 반려식물의 입장에서 어떻게 해야 자유롭고 행복한지 생각하지 않는다. 그리고 반려 동식물과 헤어질 수 있다는 사실을 생각하지 않는다. 우리는 리지의 구름 키우는 과정을 통해 올바른 반려 동식물 키우기를 생각해 볼 수 있다.

1 '구름' 하면 생각나는 단어들로 구름 모양을 채워 보세요.

2 다음 뜻풀이에 알맞은 단어를 보기에서 찾아 써 보세요.

① 책임지지 않음 ( )

② 조심하지 않음 ( )

③ 물건을 사는 사람 ( )

④ 물건을 파는 사람 ( )

⑤ 여러 번 되풀이하여 하는 부탁 ( )

⑥ 다른 사람의 양자로 들어가거나 다른 아이를 양자로 받아들임 ( )

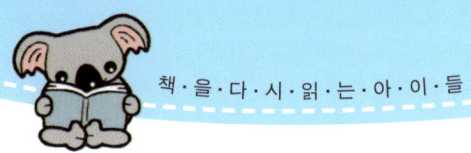

책·을·다·시·읽·는·아·이·들

1 사람들이 공원에서 주로 가는 곳은 어디인가요? (4쪽)

2 리지는 어디로 달려갔나요? (4쪽)

3 구름을 키우는 방법 중 가장 먼저 해야 할 일은 무엇인가요? (14쪽)

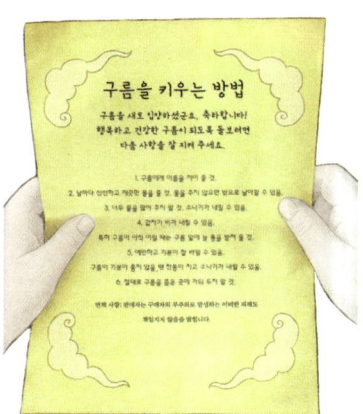

4 리지는 구름의 이름을 무엇이라고 지었나요? (14쪽)

5 리지는 구름을 어떻게 키웠나요? (17쪽)

6 리지의 구름이 가장 좋아하는 것은 무엇인가요? (22쪽)

7 리지가 날씨에 따라 구름에게 한 행동을 말해 보세요. (20–22쪽)

 해가 나는 날 :

 비가 오는 날 :

8 『구름을 키우는 방법』 설명서에 구름이 기분이 좋지 않을 때 어떤 일이 벌어진다고 했나요? (15쪽)

9 리지는 『구름을 키우는 방법』 설명서에서 가장 중요한 것은 무엇이라고 했나요? (37쪽)

10 리지는 다솜이에게 자유를 준 후, 하늘의 구름들을 보면서 어떻게 했나요? (45쪽)

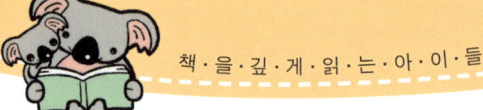

1 다솜이가 비 오는 날을 좋아하는 까닭은 무엇일까요?

 다음 글을 읽고, 물음에 답하세요. (30–34쪽)

> 어느 밤이었어요. 리지는 나지막이 ㉠ **우르릉거리는 소리**를 들었어요.
> 리지는 그게 무슨 뜻인지 알 것 같았어요.
> 리지는 비가 멈출 때까지 침대 밑에 숨어 있었어요.
> 아침이 되자 빗방울만 조금 떨어졌어요. 다솜이도 조금 ㉡ **후회하는 것 같았어요.**

2 ㉠의 '우르릉거리는 소리'는 무슨 뜻일까요?

3 리지는 다솜이가 왜 ㉡ '후회하는 것 같다'고 했을까요?

4 아래 그림은 리지의 방 모습이에요. 이렇게 된 까닭은 무엇일까요? (34–35쪽)

5 리지가 구름을 만나면서 느낀 마음을 써 보세요.

| 구름을 입양했을 때 | 구름을 돌볼 때 | 구름을 보낼 때 |

책·을·내·것·으·로·만·드·는·아·이·들

1 여러분도 구름을 입양해서 키울 수 있다면 어떤 구름으로 키우고 싶은지 상상해서 써 보세요. (생김새를 그리고 설명하세요.)

∽ 구름 모양 :

∽ 구름의 이름 :

∽ 키우고 싶은 이유 :

∽ 구름과 같이 하고 싶은 일 :

2 반려동물이나 반려식물 등 우리집에 새로운 친구가 온다면 어떻게 대하는 것이 좋을까요? 친구들과 상의하여 여러분만의 안내서를 만들어 보세요.

3 새로운 친구를 만나거나 반려동물을 키울 때 가장 필요한 것은 무엇이라고 생각하나요?

4 책을 읽으면서 가장 마음에 와 닿았던 그림이나 장면은 무엇인가요?

5 리지를 떠난 다솜이 리지에게 안부 편지를 보냈어요. 어떤 내용이 있을지 상상해서 써 보세요.

아·이·들·을·위·한·P·S·A·T·와·L·E·E·T

1 다음 글을 읽고 리지에 대해 적절하게 말한 것은?

> (가) 사람들은 새로 생긴 회전목마나 인형 극장으로 갔어요. 구름은 유행이 지났거든요. 하지만 리지는 여전히 구름이 좋았어요.
> (나) 리지는 날마다 조심스럽고 정성스럽게 물을 주었어요. 다솜이는 리지가 키우는 귀한 난과 화분, 고사리에 비를 내려 주었어요.
> (다) 해가 나는 날에는 다솜이와 함께 산책하러 나갔어요. 하지만 다솜이는 비 오는 날을 가장 좋아했어요.
>
> 본문 4쪽, 15~20쪽에서

① 반려동물을 키운다.
② 자신을 자랑스러워한다.
③ 배려심이 많은 아이이다.
④ 유행을 따르는 아이이다.
⑤ 회전목마 타는 것은 좋아한다.

2 아래 글에서 리지가 알게 된 것은?

> 설명서는 말해 주지 않았어요.
> 하지만 리지는 **때가 되었다는 걸 알았어요.**
> 이제 다솜이를 자유롭게 떠나보내야 한다는 걸요.
>
> 본문 38쪽에서

① 큰비가 곧 쏟아질 것을 알았어요.
② 친구가 필요하다는 것을 알았어요.
③ 다솜이와 이별할 때라는 것을 알았어요.
④ 다솜이가 산책하고 싶어 한다는 것을 알았어요.
⑤ 다솜이가 자유롭게 여행하고 돌아올 것을 알았어요.

3 리지가 다솜이를 탓할 수 없는 까닭은?

> 리지는 비가 멈출 때까지 침대 밑에 숨어 있었어요.
> 아침이 되자 빗방울만 조금 떨어졌어요. 다솜이도 조금 후회하는 것 같았어요.
> 하지만 리지는 **다솜이를 탓할 수 없었어요.**
> 리지는 설명서에서 가장 중요한 규칙을 잊고 있었던 거예요.
>
> 본문 32~34쪽에서

① 다솜이가 떠날 것이기 때문에.
② 다솜이를 배고프게 했기 때문에.
③ 리지가 다솜이를 사랑하기 때문에.
④ 리지가 다솜이를 화나게 했기 때문에.
⑤ 리지가 설명서대로 키우지 않았기 때문에.

4 아래 글의 리지의 생각과 같은 것은?

> "큰 구름 옆에 꼭 붙어 있어야 해!"
> 리지는 다솜이에게 외쳤어요.
> 좁고 조용한 방에서나 들릴 만큼 작은 목소리였어요.
> 구름이 낄 때마다 리지는 다솜이를 생각해요.
>
> 본문 40쪽에서

① 엄마와 찬희는 비행기에서 커다란 구름을 보았어요.
② 오빠는 찬숙이에게 과자를 사 오라고 심부름을 시켰어요.
③ 아빠는 글쓰기 대회에서 상을 받아 온 태희를 칭찬했어요.
④ 선생님은 하윤이에게 키 큰 친구들 옆에 가서 앉으라고 했어요.
⑤ 소풍 가는 민주에게 선생님을 잘 따라다니라고 엄마가 신신당부를 했어요.

한밤의 선물

홍순미 글·그림 | 봄봄출판사

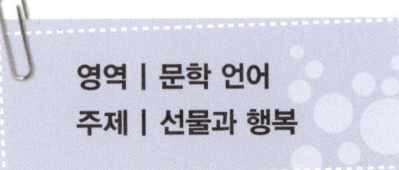

 목표

1. 시간이 흐름에 따라 자연이 주는 소중함을 알 수 있다.
2. 진정한 나눔의 의미를 생각할 수 있다.

줄거리

빛과 어둠의 아이들인 새벽, 아침, 한낮, 저녁은 시간에게 멋진 선물을 받는다. 그러나 한밤은 어둠밖에 가진 것이 없다. 다른 아이들은 슬퍼하는 한밤에게 자신들이 가진 것을 하나씩 선물한다. 선물을 받은 한밤의 세상은 점점 더 아름다워지고, 한밤도 아이들에게 자신이 가진 것을 선물한다. 혼자 있어도 혼자가 아닌 한밤은 행복한 꿈을 꾸며 잠이 든다.

도서 선정 이유

작가가 오랜 시간 정성을 들여 만든 그림을 보는 것만으로도 자연이 가진 섬세한 아름다움을 느낄 수 있다. 거기에 시처럼 다가오는 새벽, 아침, 한낮, 저녁, 한밤의 이야기는 바쁘게 생활하는 아이들에게 잠깐의 휴식처럼 달콤한 선물처럼 다가올 것이다.

1 다음 뜻풀이에 알맞은 단어를 보기에서 찾아 써 보세요.

보기 한밤 노을 졸음 덩이 사랑 고요 물안개 무지개 감싸다 기지개

① 깊은 밤. ( )

② 전체를 둘러서 싸다. ( )

③ 조용하고 잠잠한 상태. ( )

④ 작게 뭉쳐서 이루어진 것. ( )

⑤ 강이나 호수, 바다에서 피어오르는 안개. ( )

⑥ 피곤하거나 나른할 때 몸을 쭉 펴고 팔다리를 뻗는 행동. ( )

⑦ 해가 뜨거나 질 때 하늘이 햇빛을 받아 붉게 보이는 현상. ( )

2 여러분은 새벽 아침 한낮 저녁 가운데 어떤 때가 좋은가요? 여러분의 생각을 써 보세요.

나는 _____ 시간이 가장 좋아요.

왜냐하면 _____ 때문이에요.

3 아래의 단어를 넣어 짧은 글을 지어 보세요.

상쾌한 _____

포근히 _____

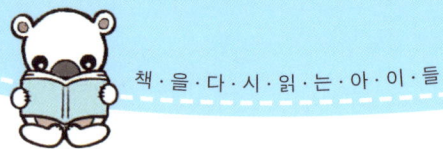

1 빛과 어둠이 다섯 아이들을 낳았어요. 아이들의 이름은 무엇이었나요? (3쪽)

2 다섯 아이들은 각각의 색을 가지고 있어요. 알맞은 색깔을 연결해 주세요. (4-5쪽)

3 한밤이 일어나 눈물을 흘린 까닭은 무엇인가요? (16쪽)

4 아침은 한밤에게 무엇을 선물했나요? (22쪽)

5 새벽, 아침, 한낮, 저녁에게 선물을 받은 한밤은 자신의 일부분을 나누어 주었어요. 새벽, 아침, 한낮, 저녁에게 어떤 선물을 주었나요? (29쪽)

6 줄거리 순서에 맞게 번호를 적어 보세요.

빛과 어둠이 다섯 아이를 낳았어요.	☐
한밤도 자신이 가진 것을 나눠 주었어요.	☐
새벽 아침 한낮 저녁은 한밤에게 자신들이 가진 것을 나눠 줬어요.	☐
새벽 아침 한낮 저녁은 시간으로부터 선물을 받았어요.	☐
한밤은 행복한 꿈을 꾸며 잠이 들었어요.	☐
한밤이 일어나자 아무 것도 없어 슬펐어요.	☐

책·을·깊·게·읽·는·아·이·들

1 아래 그림의 제목을 지어 주세요. (3쪽, 36쪽)

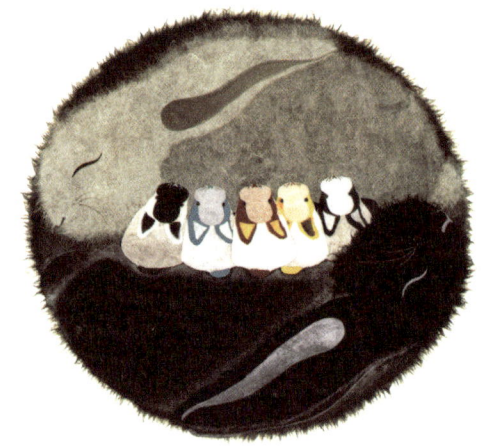

○ 제목 : _____

○ 제목 : _____

2 아침이 기지개를 켰어요. 어떤 소리가 들릴까요? (9쪽)

3 한낮은 한밤에게 빛 한 덩이를 주었어요. 그 빛은 어디로 가서 무엇이 되었을까요? (23쪽)

- 어디로 갔을까요? _____

- 무엇이 되었을까요? _____

4 새벽, 아침, 한낮, 저녁은 나무 밖에 나와 앉아 있어요. 왜 한밤만 나무 안에 들어가 있을지 생각해 보세요. (5쪽)

5 시간에게서 아이들은 선물을 받았어요. 한밤만 선물을 받지 못한 까닭은 무엇일까요?

책·을·내·것·으·로·만·드·는·아·이·들

1 슬픔에 빠져 있던 한밤에게 선물을 해 용기를 준 아이들에게 상장을 주려고 합니다. 상 이름을 지어 주고 상을 주는 까닭도 적어 상장을 꾸며 보세요.

2 여러분이 슬픔에 빠져 있는 한밤을 봤다면, 한밤을 어떻게 위로할지 말풍선을 채워 보세요.

30 | 로직아이 샘 2단계_파랑

3 빛과 어둠이 새벽, 아침, 한낮, 저녁, 한밤을 낳았어요. 아래의 것들을 합치면 무엇이 생길지 괄호 안을 채워 보세요.

○ 흙 + 씨앗 = _____   ○ 하늘 + 구름 = _____

○ _____ + _____ = 우정

4 한밤에게 좋은 친구들이 있는 것처럼 여러분에게도 좋은 친구들이 있어요. 여러분이 친구들에게 줄 수 있는 선물을 생각해서 적어 보세요.

○ _____ 에게 "_____을 줄게. 슬픔이 사라질 거야."

○ _____ 에게 "_____을 줄게. 기분이 좋아질 거야."

○ _____ 에게 "_____을 줄게. 반짝반짝 빛이 날 거야."

○ _____ 에게 "_____을 줄게. 정말 즐거울 거야."

5 다섯 가지 색(하양, 파랑, 노랑, 빨강, 검정)을 사용해 오방 책을 만들고, 새벽, 아침, 한낮, 저녁, 한밤에게 하고 싶은 이야기를 남겨 주세요.

① 오방색(하양, 파랑, 노랑, 빨강, 검정)의 색상지를 가로 세로 길이 11cm로 준비한다. (가운데 들어갈 검정색은 11.5cm)
② 가운데 검정색을 중심으로 네 가지 색상지를 붙인다.
③ 딱지를 접는 것처럼 돌아가며 색상지를 반씩 접는다.
④ 접은 색상지를 끼워 딱지 모양을 만든다.
⑤ 예쁜 그림을 그리거나 붙이고 새벽 아침 한낮 저녁 한밤에게 하고 싶은 이야기를 적는다.
⑥ 앞표지를 꾸민다. (책제목, 그림 등을 넣는다.)

아·이·들·을·위·한·P·S·A·T·와·L·E·E·T

 다음 글을 읽고, 물음에 답하세요. (1~2)

새벽이 가고, 아침이 가고,
한낮이 가고, 저녁이 가자
㉠ 한밤은 홀로 남았지만 하나도 외롭지 않았어요.
혼자가 아니었거든요.
푸르른 고요함 속에
살랑살랑 기분 좋은 바람과
반짝이는 별빛 아래서
한밤은 잠이 들었습니다.
행복한 꿈을 꾸면서요.

본문 29~32쪽에서

1 다음 글의 제목으로 적절한 것은?

① 외로운 한밤
② 행복한 한밤
③ 혼자 남은 한밤
④ 슬픔에 빠진 한밤
⑤ 선물을 받은 한밤

2 밑줄 친 ㉠의 까닭으로 적절한 것은?

① 혼자가 아니어서.
② 행복한 꿈을 꾸어서.
③ 잠이 들었기 때문에.
④ 기분 좋은 바람이 불어서.
⑤ 낮이 가고, 저녁이 갔기 때문에.

3 아래의 글을 읽고 한밤의 생각 변화를 바르게 나열한 것은?

(가) 시간이 다가와 귓가에 속삭였어요.
　　"어서 일어나 보렴, 선물이 있단다."
(나) 한밤이 일어나자
　　아무것도 없고 깜깜하기만 했어요.
(다) 한밤은 속상해 눈물을 뚝뚝 흘렸답니다.
(라) 시간이 지나고……
　　새벽이 한밤에게 살며시 다가왔습니다.
　　"내 푸르른 고요함을 줄게. 슬픔이 사라질 거야."

📄 본문 5쪽, 14쪽, 19쪽에서

㉠ 기대감　　㉡ 슬픔　　㉢ 따뜻함　　㉣ 실망

① ㉠ 기대감 – ㉡ 슬픔 – ㉢ 따뜻함 – ㉣ 실망
② ㉠ 기대감 – ㉢ 따뜻함 – ㉣ 실망 – ㉡ 슬픔
③ ㉠ 기대감 – ㉣ 실망 – ㉡ 슬픔 – ㉢ 따뜻함
④ ㉠ 기대감 – ㉢ 따뜻함 – ㉡ 슬픔 – ㉣ 실망
⑤ ㉠ 기대감 – ㉡ 슬픔 – ㉣ 실망 – ㉢ 따뜻함

4 다음 이야기 뒤에 올 내용과 거리가 먼 것은?

　한밤이 일어나자
　아무 것도 없고 깜깜하기만 했어요.
　한밤은 속상해 눈물을 뚝뚝 흘렸답니다.

📄 본문 14쪽에서

① 한밤의 이야기를 들어준다.
② 한밤이 왜 우는지 물어본다.
③ 내가 받은 선물을 한밤에게 나누어 준다.
④ 한밤이 울음을 그칠 수 있도록 위로한다.
⑤ 선물을 받아 행복한 나의 마음을 표현한다.

내 꿈은 방울토마토 엄마

허윤 글 | 윤희동 그림 | 키위북스

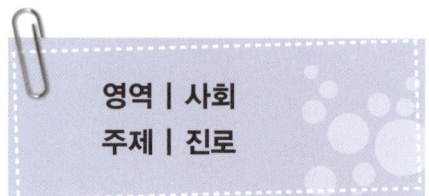

영역 | 사회
주제 | 진로

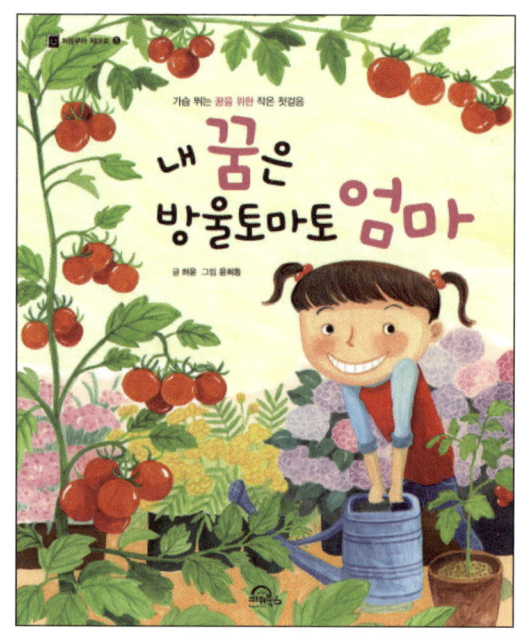

목표

1. 좋아하는 것과 잘하는 것에 대해 생각할 수 있다.
2. 자신의 꿈에 대해 이야기할 수 있다.
3. 자신의 재능을 찾고 키울 수 있다.
4. 미래 사회의 직업을 알아볼 수 있다.

줄거리

아영이네 베란다에 방울토마토 삼 형제가 태어났다. 아영이는 방울토마토를 아기처럼 돌본다. 수줍음 많던 아영이는 방울토마토를 돌보며 자신감을 얻는다. 아빠는 아영이에게 '우리 집 정원사'가 되어 보라고 한다. 아영이는 도서관과 꽃시장을 돌아보며 가슴속에 작은 꿈 씨앗을 키운다.

도서 선정 이유

어린이들은 가슴속에 자신만의 멋진 '꿈 씨앗'을 심어야 한다. 그러기 위해서는 먼저 자신이 좋아하는 것이 무엇인지 천천히 찾아볼 필요가 있다. 기분이 좋아지고 신나는 일이 '꿈 씨앗'일 확률이 높을 것이다. 꿈 씨앗은 멀리 있지 않다. 거창하지도 않고 화려하지도 않다. 어린이들이 마음의 문을 열고 두 눈을 반짝이며 자신만의 꿈을 찾아 행복 여행을 떠나길 희망한다.

1 다음은 다영이의 일기입니다. 괄호에 알맞은 단어를 보기에서 찾아 써 보세요.

보기

모종 장염 정원사 도감 양분 거름 조각칼 추천 궁합 안목 수명 사랑 수목

나는 이다음에 (　　　)이/가 될 거예요. 나는 살아 있는 나무, 즉 (　　　) 가꾸기를 좋아해요. 그런데 내가 (　　　)에 걸려 앓아누웠을 때, 내가 가꾸던 꽃이 죽었어요. 이번에는 오래 키우고 싶어서 (　　　)가/이 긴 나무의 (　　　)을/를 사다 심었어요. (　　　)을/를 보고 아빠가 (　　　)해 주었어요. 아빠의 (　　　)가/이 나보다 뛰어나거든요. 이 나무가 크게 자라면 화단에 옮겨 심을 겁니다. 이번에는 시기에 맞추어서 (　　　)도 잘 주고, 이 나무와 (　　　)이 맞는 다른 나무도 키우려고 합니다. 나는 커서 식물을 연구하여 생명 공학의 스티브 잡스가 되는 꿈을 가지고 있습니다.

2 다음은 우리가 먹을 수 있는 것들입니다. 채소에는 '채', 과일에는 '과', 곡식에는 '곡'이라고 써 보세요.

㉠ 상추 (　　) ㉡ 쌀 (　　) ㉢ 사과 (　　) ㉣ 가지 (　　) ㉤ 보리 (　　)

㉥ 오이 (　　) ㉦ 옥수수 (　　) ㉧ 배 (　　) ㉨ 당근 (　　) ㉩ 밀 (　　)

 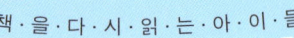

1 아영이네 베란다에 열린 열매는 무엇이었나요? (10쪽)

2 방울토마토 엄마가 된 아영이는 상상을 하다가 어떻게 했나요? (12쪽)

3 아파트에 사는 아영이는 집 정원을 어디에 만들기로 했나요? (24쪽)

4 아영이가 엄마와 도서관에서 찾은 것은 무엇이었나요? (30–32쪽)

5 선생님이 다음 이야기를 할 때 아영이의 마음은 왜 두근거렸나요?

> 남들 보기엔 아주 보잘것없고 사소한 일일지라도 이상하게 기분이 좋아지고 가슴이 콩닥콩닥 뛸 때가 있거든. 그런 경험을 해 본 적 있니?
>
> 본문 39~40쪽에서

6 선생님은 아이들에게 어떤 숙제를 내주었나요? (43쪽)

7 아영이가 베란다 정원을 꾸미기 위해 한 일은 무엇이었나요? (45쪽)

8 아영이가 베란다 정원을 꾸민 후 사진을 찍은 이유는 무엇이었나요? (56쪽)

책·을·깊·게·읽·는·아·이·들

1 선생님이 돈 많이 벌고 안정된 직업보다는 머릿속에 떠올렸을 때 기분 좋아지고 행복해지는 꿈을 찾아보라고 말한 까닭은 무엇일까요? (41쪽)

> 까닭

2 다음 글을 읽고 좋아하는 일을 발전시킨다는 뜻은 무엇인지 아영이의 예를 들어 설명해 보세요.

> 꿈은 그냥 재밌는 일, 좋아하는 일만을 의미하진 않아. 좋아하는 일을 더 발전시키기 위해 노력하고 싶은 마음이 들어야 하고, 나중에 그 일을 하고 있는 내 모습을 상상했을 때 행복해지는 게 바로 꿈이지.
>
> 본문 41쪽에서

3 선생님이 '꿈 씨앗 찾기' 숙제를 내주자 아이들의 목소리가 씩씩해지고 얼굴 가득 함박웃음이 걸렸어요. 그 까닭을 짐작해 보세요. (43쪽)

4 선생님은 아영이의 꿈 이야기를 듣고 우리 반에 멋진 정원을 만들어 보자고 했어요. 정원을 꾸미는 것과 꿈을 키우는 것은 어떤 관계가 있을까요?

5 밑줄 친 낱말과 <u>다른</u> 뜻으로 쓰인 문장을 찾아보세요.

> "아빠 엄마가 원하는 꿈 말고 너희 가슴속에 숨어 있는 꿈 씨앗을 찾아오는 거야!"   본문 43쪽에서

① 거위는 정말 하늘을 날고 싶은 꿈을 꿀까?
② 어젯밤에 학교 앞에 곰이 나타난 꿈을 꾸었어.
③ 꾸준한 연습을 통해 꿈을 이루어 나갈 수 있어.
④ 나의 꿈은 재미있는 이야기를 만드는 동화 작가야.
⑤ 꿈을 찾았을 때 마음이 설레고 당장 이룰 것 같았어.

책·을·내·것·으·로·만·드·는·아·이·들

1 여러분의 가슴속에 자라고 있는 꿈 씨앗은 무엇인가요? 표에 정리해 보세요.

	내용
좋아하는 것	
잘하는 것	
마음 꿈 씨앗	

2 여러분의 꿈 씨앗을 가꾸기 위해 스스로 해야 할 일을 세 가지만 쓰세요.

1.

2.

3.

3 아영이의 꿈과 여러분의 꿈을 비교해 보세요.

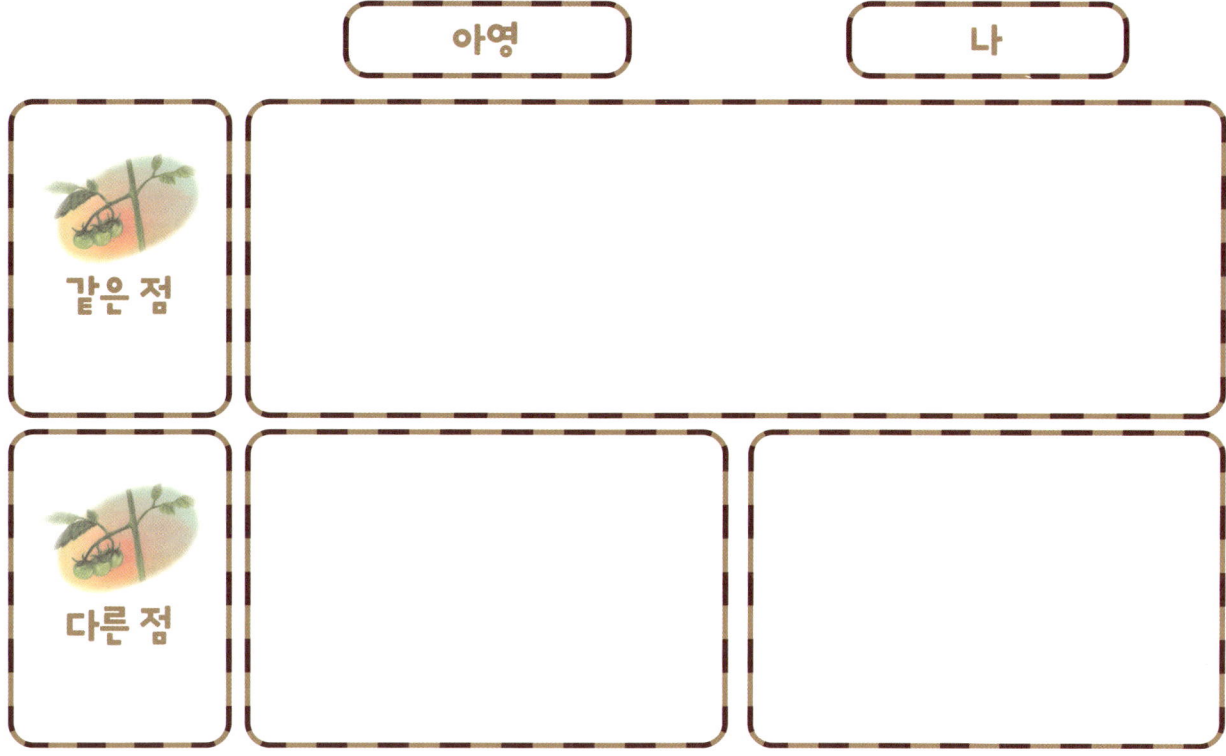

4 아영이가 마음속 정원에 물을 뿌리고 가꿀 수 있도록 응원의 쪽지를 써 주세요.

아영이에게

아·이·들·을·위·한·P·S·A·T·와·L·E·E·T

1 다음 글에 나오는 정원 이름으로 가장 적절한 것은?

> "나중에 어른이 되면 세상에서 가장 건강하고 맛있는 방울토마토도 키우고, 사람들의 마음이 편안하고 행복해지는 아름다운 정원을 만들고 싶어요."
>
> 본문 56쪽에서

① 평평한 정원
② 행복한 정원
③ 심심한 정원
④ 방울방울 정원
⑤ 어른을 위한 정원

2 아영이가 가슴이 두근거린 이유로 적절한 것은?

> "베란다 정원이지! 지금은 방울토마토밖에 없지만, 앞으로 아영이가 키우고 싶은 식물들을 마음껏 키워 보면 어떨까? 꽃도 좋고 열매가 열리는 작은 나무도 좋고……."
>
> 심장이 두근두근, 아빠 말에 설레고 기분이 좋아요.
>
> "그럼, 알록달록 예쁜 꽃을 많이 심을래. 방울토마토들이 행복하게 자랄 수 있도록 예쁜 꽃밭을 만들어 주고 싶어. 꽃향기를 맡으면 기분이 훨씬 좋아질 거야! 새콤달콤한 앵두나무는 심을 수 없을까? 엄마가 좋아하는 고구마도 심고 싶은데……."
>
> 본문 25쪽에서

① 꽃향기를 맡으면 기분이 좋아지니까.
② 베란다 정원에 알록달록 예쁜 꽃이 만발해 있어서.
③ 엄마가 고구마를 심으면 군고구마를 해 준다고 해서.
④ 새콤달콤한 앵두나무를 심으면 앵두를 먹을 수 있어서.
⑤ 베란다 정원을 만들자는 아빠 말에 설레고 기분이 좋아서.

3 다음 글에 맞는 미래의 직업으로 알맞은 것은?

> 우리 친구들이 어른이 될 2030년은 어떤 모습일까요? 우리가 쓰는 스마트폰이나 3D TV 등 최첨단 기기들은 더욱 새로운 제품으로 바뀌고, 전혀 예상치 못했던 새로운 직업들도 생겨나겠지요.
>
> 본문 28~29쪽에서

① 미용사
② 얼음 장사
③ 마트 사장님
④ 택시 운전사
⑤ 우주여행 가이드

4 아이들에게 다음 이야기를 들려줄 때 선생님의 표정으로 알맞은 것은?

> "맞아, 선생님도 그랬고 너희도 똑같이 어릴 때는 부모님이 원하는 꿈을 갖기가 쉽지. 하지만 그럼에도 불구하고 저마다의 가슴에 꿈 하나씩을 품고 살았으면 좋겠어. 선생님 가슴에는 아직도 반짝반짝 빛나는 꿈 씨앗이 있어서 무척 행복하거든. 그 꿈이 바로 너희만 할 때 가슴속에 심어 두었던 조각가의 꿈이야. 지금도 열심히 조각 작품을 만들고 있으니까, 언젠가 멋진 전시회도 할 거야."
>
> 본문 42쪽에서

① 피곤하고 지친 표정이다.
② 눈이 이글거리며 엄한 표정이다.
③ 눈은 반짝거리고 미소를 띠고 있다.
④ 명령하는 말투에 무표정한 얼굴이다.
⑤ 눈물을 그렁거리며 울음을 참고 있다.

위대한 건축가 안토니오 가우디의 하루

포 에스트라다 글 · 그림 | 김배경 옮김
책속물고기

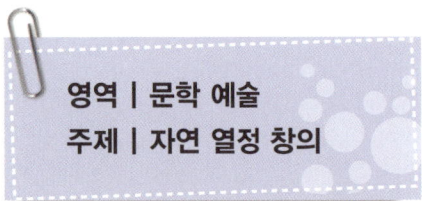

영역 | 문학 예술
주제 | 자연 열정 창의

1. 자연과 집의 관계에 대해 알 수 있다.
2. 사람과 건축물의 관계에 대해 생각해 볼 수 있다.
3. 창의적인 생각과 도전에 대해 생각해 볼 수 있다.

줄거리

안토니오 가우디는 자신만의 독특한 건물을 짓는다. 특히 자연과 닮은 건축물을 많이 짓는다. 가우디는 늘 멋진 건물을 짓기 위해 깊은 생각에 잠겨 있다. 생각이 너무 독특해서 다른 사람들의 관심을 받지 못했던 적도 있었고, 너무 정교하게 짓느라 완성하지 못한 건물도 있었다. 그는 자신이 살아 있는 동안 건물을 완성하지 못한다는 것을 알면서도 최대한 아름다운 건물을 짓고자 노력했다.

도서 선정 이유

가우디의 삶을 통해 관심 분야에 대한 열정을 생각해 볼 수 있다. 또한 자연에서 소재를 얻어 지은 창의적이고 예술적인 건축물을 감상하면서 자연에 대해 깊이 관찰하는 기회를 가질 수 있다. 이와 더불어 우리가 살고 싶은 집을 상상해 볼 수 있다.

1 단어에 알맞은 뜻풀이를 서로 줄로 이어 보세요.

넋	◆　　◆	뜻깊은 일을 오래도록 기념하기 위하여 세운 비석.
석고	◆　　◆	두껍고 질기며, 단단하게 널빤지처럼 만든 종이.
판지	◆　　◆	도자기 제조 원료로 쓰거나 분필, 모형, 조각의 재료로 쓰는 것.
기념비	◆　　◆	건축 등에 사용할 돌을 캐는 곳.
채석장	◆　　◆	사람의 몸에 있으면서 정신을 다스리며 목숨을 붙어 있게 하는 것.

2 다음 뜻풀이에 알맞은 단어를 보기에서 찾아 써 보세요.

보기

기억　추억　세대　마부　거짓말　장담　백작　왕　걸인

① 남에게 빌어먹고 사는 사람.　　　　　　　　　　　　　(　　　　)

② 지나간 일을 돌이켜 생각하는 것.　　　　　　　　　　　(　　　　)

③ 말을 부려 마차나 수레를 모는 사람.　　　　　　　　　 (　　　　)

④ 확신을 가지고 아주 자신 있게 말하는 것.　　　　　　　 (　　　　)

⑤ 다섯 등급으로 나눈 귀족들 가운데 세 번째 귀족.　　　 (　　　　)

⑥ 어린아이가 성장하여 부모가 될 때까지의 30년 정도 되는 기간　(　　　　)

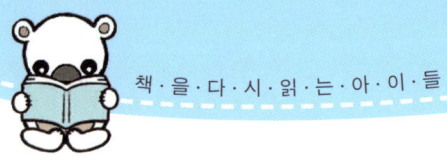

1 가우디는 어떤 색깔의 집에서 살고 있었나요? (5쪽)

2 가우디가 아침에 집을 나서면서 누구에게 모자를 들어올려 인사했나요? (5쪽)

3 가우디는 왜 지나가는 사람들과 부딪히기도 하고, 주위를 살피지 않고 길을 건넜나요? (7쪽)

4 사람들은 최근에 완성된 아파트 카사 밀라를 '라 페드레라'라고 불렀습니다. 왜 그런 별명을 붙였나요? (11쪽)

5 가우디가 평생 동안 작업했던 건물 가운데 가장 큰 건물 이름은 무엇인가요? (16쪽)

6 구엘 백작은 자신들이 구상한 동네가 뜻대로 되지 않을 것 같자 가우디에게 무엇으로 활용하자고 제안했나요? (29쪽)

---

7 책의 맨 뒤쪽에 보면, '안토니오 가우디'의 위대한 산책이 소개되어 있습니다. 첫 걸음부터 열 번째 걸음까지 따라가 보세요. (39-40쪽)

위대한 건축가 안토니오 가우디의 하루 | 47

책·을·깊·게·읽·는·아·이·들

1 책에서 가장 마음에 든 그림을 하나 고르고 그 건축물을 자세히 관찰해 보세요.

1) 가장 마음에 든 그림

2) 자연의 어떤 모양이나 특징을 흉내냈나요?

3) 이 건축물의 모양이나 색깔이 어디가 어떻게 독특한지 적어 보세요.

2 가우디가 생각하는 오래도록 잊혀지지 않는 건물이란 어떤 특징을 가진 건물일까요? 알맞은 말에 하나씩 동그라미 해 보세요.

"건축가로서 내가 이루고 싶은 꿈이 뭔지 아나?"
가우디가 불쑥 이야기를 꺼냈어요.
마치 비밀이라도 털어놓는 듯한 표정으로요.
"난 오래도록 잊혀지지 않는 건물을 짓고 싶다네.
내 나라는 물론이고, 다른 나라에도 말일세."
"멋지군! 나는 항상 자네를 응원하고 있다네."

본문 30쪽에서

- ▶ 위치 …… 복잡한 도시, 도시에서 조금 떨어진 넓은 들판
- ▶ 모양 …… 높은 빌딩, 아파트, 구불구불 시냇물을 닮은 모양
- ▶ 색깔 …… 회색, 검정색, 다양하고 화려한 색
- ▶ 쓰임 …… 공장, 회사, 공원
- ▶ 느낌 …… 딱딱함, 부드럽고 화려함

3 가우디는 자신이 설계한 건물이 어떤 건물이 되기를 원했나요?

> "선생님, 사그라다 파밀리아의 건축은 아무 탈 없이 진행되고 있습니다. 곧 첫 번째 탑이 완성될 거예요. 하지만 이 위대한 작품을 완성하려면 시간이 아주 오래 걸릴 것 같아 걱정이에요. 선생님이나 제가 죽을 때까지도 끝나지 않을 것 같아요."
>
> "이보게, 후홀. 나는 하느님을 위해 이 성당을 짓고 있는 걸세. 그리고 그분은 절대 서두르시는 법이 없다네. 자네는 과거의 대성당들이 어떻게 지어졌을 거라고 생각하나? 사그라다 파밀리아가 완성되려면 여러 세대를 거쳐야 할 거야. 우리가 이 일을 시작했지만, 끝낼 사람은 따로 있지. 언젠가 건축이 끝나면 모든 사람이 보고 기뻐할 걸세. 장담하는데, 사그라다 파밀리아는 바르셀로나의 자랑이 될 거야."
>
> 본문 20쪽에서

사용 기간	
건물을 이용하는 사람	
건물에 대한 느낌과 평가	

위대한 건축가 안토니오 가우디의 하루 | 49

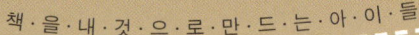

✓ **다음의 내용을 읽고 생각해 보세요. (1~2)**

> 가우디는 작업할 때 종이에 설계도를 그리는 대신 판지나 석고로 모형 만드는 것을 좋아했어요.
> 또한 천장에 줄과 추를 매달아 모형을 거꾸로 만든 다음, 바닥에 거울을 두어 모형을 비춰 보기도 했어요.
>
> 본문 19쪽에서

1 가우디는 왜 설계도를 그리지 않고 모형을 만드는 방법을 선택했을까요?

2 형을 천장에 매달아 바닥의 거울에 비춰 보았다는 것은 어떤 상태의 모습을 확인하고 싶어서 한 행동이었을까요? (29쪽)

3 여러분이 독특하고 생생한 건축 설계도를 만든다면 어떤 방법으로 할 수 있나요?

4 다음 글을 바탕으로 건축이나 미술 등 예술을 하는 사람의 마음은 어떠해야 할지를 예상해서 적어 보세요.

> 가우디는 집으로 돌아가다가 알록달록 도마뱀 앞에 멈춰 섰어요.
> "잘 있었니? 오늘은 새로운 소식이 있단다.
> 이곳은 구엘 공원이 될 거야. 멋지지 않니? 나는 항상 에우세비와 어떻게 하면 이 세상을 더 좋은 곳으로 만들 수 있을지 의논한단다.
> 하지만, 우리 시대가 끝나 가고 있다는 사실도 잘 알고 있지.
> 머지않은 미래에 우린 과거가 될 거야. 넌 계속 공원을 지켜 주렴.
> 구엘 공원을 찾게 될 다음 세대를 위해서 말이야.
> 앞으로 잘 부탁하마. 그럼 잘 자거라, 도마뱀아."
>
> 본문 33쪽에서

5 책에서 본 건축물 중에 가장 인상 깊은 건축물을 골라, 그 건축물의 특징이 잘 드러나도록 다른 사람에게 소개해 봅시다. (설명하는 글, 광고 글, 시, 편지 등 자신이 표현하고 싶은 방법을 선택해서 표현해 보세요.)

아·이·들·을·위·한·P·S·A·T·와·L·E·E·T

1 가우디의 마음을 옳게 표현한 것은?

> "건축가 양반, 이것 좀 봐요."
> 한 부인이 불만스럽게 말했어요.
> "당신이 천재일지는 몰라도, 벽과 천장이 온통 구부러져 있어서 집이 아니라 동굴 같아요. 정말 마음에 들지 않아요."
> 　　　　　　　　　　　(중략)
> 가우디는 한참 동안 불평을 들어야 했어요.
> 머리가 지끈거려서 신선한 공기를 마시려고 옥상으로 올라갔지요.
> 가우디는 한숨을 푹 쉬며 계단에 걸터앉았어요.
> "생각이 꽉 막힌 사람들 같으니라고!"
> 가우디는 하늘을 날아가는 비둘기 떼를 바라보며 중얼거렸어요.
> "편견을 버리고 새로운 상상력을 가지는 게 뭐가 그리 어려울까?"
>
> 　　　　　　　　　　　　　　본문 13~15쪽에서

① 어떻게 하면 저 사람들의 마음에 드는 집을 지을 수 있을까?

② 사람들이 마음에 들어 하지 않으니, 먼저 사과하고 다시 집을 지어 줘야겠어.

③ 앞으로는 특이한 집보다는 평범한 사람들이 좋아할 수 있는 편안한 집을 지어야겠군.

④ 저 사람들에게 보상해 주려면 구엘에게 돈을 빌려야 할 텐데 도대체 어떻게 말해야 할지 걱정이군.

⑤ 안타깝군. 그동안 이런 집을 보지 못해서 낯선 것 같은데, 자연을 닮은 집이 얼마나 편하고 아름다운지 알아줬으면 좋겠는데.

2 구엘과 가우디의 공통점을 가장 잘 표현한 것은?

"안토니오, 마을을 세운다는 계획은 잊기로 하세!
사람들이 와서 살 거라는 생각도 지워 버리고.
텅텅 비어 있는 이곳을 지켜보는 것도 지쳤어.
우리 같은 외로운 노인네 둘만 살려고 이렇게 멋진 마을을 지은 것도 아닌데 말일세.
이곳을 누구나 올 수 있는 공원으로 활용하는 게 좋겠어.
가족들이 소풍을 오고 아이들이 맘껏 뛰어놀 수 있는, 그리고 바르셀로나에 사는 사람이라면 누구나 올 수 있는 공원 말일세."
"훌륭한 생각이야! 이제 여길 구엘 공원이라 불러야겠군."

본문 29쪽에서

① 어려운 일은 쉽게 포기한다.
② 다른 사람보다 자기 자신을 생각한다.
③ 자신의 생각보다 다른 사람의 생각을 중시한다.
④ 상황을 인정하고 가장 좋은 방법을 찾으려고 한다.
⑤ 뜻대로 안 되면 다른 방법을 동원하여 처음 생각을 끝까지 밀고 나간다.

빨간 벽

브리타 테켄트럽 글·그림 | 김서정 옮김 | 봄봄출판사

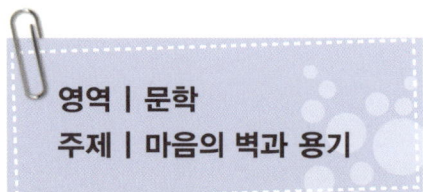

영역 | 문학
주제 | 마음의 벽과 용기

1. 우리 주변을 둘러싸고 있는 벽에 대해 생각해 볼 수 있다.
2. 마음을 열고 세상을 바라보는 것이 중요하다는 사실을 알 수 있다.
3. 마음속의 벽을 사라지게 하는 방법에 대해 배울 수 있다.

줄거리

호기심이 많은 꼬마 생쥐는 빨간 벽 너머에 무엇이 있는지 궁금했다. 친구들에게 물어보았지만 그들도 잘 몰랐다. 어느 날 파랑새가 벽 너머에서 날아오자 꼬마 생쥐는 파랑새에게 부탁해, 벽을 넘어 날아간다. 벽 너머에는 전혀 다른 세상이 있었다. 파랑새와 함께 마을로 돌아온 꼬마 생쥐는 친구들에게 자신이 본 것을 말해 주었다. 친구들이 하나둘씩 벽을 통과해 걸어나가고 마지막까지 망설였던 사자도 벽 너머 세상으로 나간다. 그런데 뒤돌아보니…….

도서 선정 이유

이 책은 수업 중에 질문을 꺼리거나, 무언가를 해 보려고 하는 데 자신 없어 하는 아이들에게 자신감을 심어주는 데 도움이 된다. 자신의 마음속에 생긴 두려움의 벽은 대부분 스스로 만든 것이다. 생각과 마음을 활짝 열면 마음의 벽은 사라진다. 생각의 벽, 우정의 벽, 남북의 벽 등 우리가 벽이라고 생각한 것 너머에는 새롭고 멋진 세상이 있음을 알려 줄 것이다.

1 다음 낱말의 뜻을 찾아 바르게 연결해 보세요.

닿다	시작하다
멍하다	텅 빈 공중
허공	목적지에 다다르다.
발을 떼다	구슬려서 말을 듣도록 하다.
뻗다	넋이 나간 듯 아무 생각이 없다.
타이르다	성벽, 길 등이 길게 이어져 가다.
발견하다	미처 알려지지 않은 사실을 찾아내다.
준비하다	어떤 일을 행동으로 옮기기 위한 조건을 갖추다.

2 '넘어'와 '너머'라는 단어를 이용하여 다음 문장을 완성해 보세요.

(1) 적군이 국경을 _____ 침입하고 있었다.

(2) 이번 일을 계기로 어려운 순간을 _____ .

(3) 붉은 해가 동쪽 언덕 _____ 에서 두둥실 떠올랐다.

(4) 우리 부모님께서는 마흔이 _____ 나를 낳으셨다고 하셨다.

(5) 어머니의 어깨 _____ 로 아버지가 걸어오시는 것이 보였다.

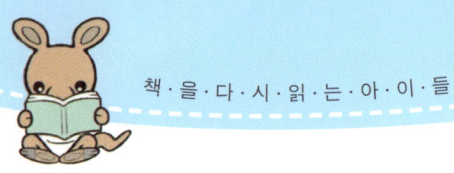

책·을·다·시·읽·는·아·이·들

1 호기심 많은 꼬마 생쥐는 무엇이 궁금했나요? (8쪽)

2 꼬마 생쥐가 빨간 벽에 대해 물었을 때 고양이, 곰, 여우, 사자 중에 누가 안다고 이야기 했나요? (16쪽)

3 빛깔 고운 새는 어디에서 날아왔나요? (19쪽)

4 꼬마 생쥐는 파랑새와 함께 무엇을 했나요? (20쪽)

5 꼬마 생쥐가 본 벽 너머의 모습은 어떤 모습이었나요? (23쪽)

6 파랑새는 꼬마 생쥐에게, 인생에서 만나는 수많은 벽이 어떻게 하면 사라질 것이라고 말했나요? (25쪽)

7 꼬마 생쥐가 "벽이 어디 있지?" 하고 물었을 때, 파랑새는 무엇이라고 답했나요? (28쪽)

8 꼬마 생쥐는 친구들에게 돌아가서 자신이 본 것을 말해 주었어요. 그 말을 들은 친구들은 어떻게 했나요? (30쪽)

9 마지막에 벽 너머로 간 동물은 누구인가요? (33쪽)

책·을·깊·게·읽·는·아·이·들

1 "눈 닿는 데까지 뻗어 있었다."는 말은 정확히 어떤 뜻인가요?

> 빨간 벽은
> 언제나 거기 있었어요.
> 눈 닿는 데까지 뻗어 있었지요.
>
> 본문 2쪽에서

2 "커다랗고 시커먼 없음이 있다."는 말을 다르게 써 보세요.

> 꼬마 생쥐는 으르렁 소리를 잃어버린 사자를 만났어요.
> "사자야, 저 벽 뒤는 어떤 세상이야?"
> 사자는 슬픈 얼굴이 됐어요.
> "벽 뒤에는 아무 것도 없어. 그냥 커다랗고 시커먼 없음이 있지."
> 사자는 대답했어요. 그러고는 생쥐가 보이지도 않는다는 듯 멍한 눈으로 허공만 바라보았어요.
>
> 본문 16쪽에서

3 꼬마 생쥐는 담 너머의 색색가지 모습을 보고 어떤 생각이 들었을까요? (23쪽)

4 분명히 처음에는 벽이 있었는데 파랑새는 왜 벽이 없었다고 이야기하는 것일까요?

> "벽이 어디 있지?" 꼬마 생쥐가 물었어요.
> "무슨 벽?" 파랑새가 물었어요.
> "벽은 처음부터 없었어."
>
> 본문 28쪽에서

5 책 표지를 넘기면 나오는 그림과 책의 뒷표지 바로 앞의 모습은 각각 어떤 느낌을 표현한 것일까요?

책·을·내·것·으·로·만·드·는·아·이·들

1 담벼락의 벽 말고, 여러분 주변에서 볼 수 있는 벽은 무엇인가요?

2 여러분도 무섭거나 두려워하는 것이 있나요? 두려워하는 마음을 없애기 위해서는 어떻게 해야 할까요?

3 파랑새가 꼬마 생쥐에게 하는 말입니다. '스스로 만든 벽'의 예를 하나만 들어보세요.

> "네 인생에는 수많은 벽이 있을 거야, 어떤 벽은 다른 이들이 만들어 놓지만 대부분은 네 스스로 만들게 돼."
>
> 본문 24쪽에서

4 여러분은 책 속의 문장이나 그림 중에 마음에 드는 부분이 있었나요? 어떤 문장 또는 그림이 마음에 들었나요?

5 여러분은 어떤 곳이 무척 궁금한데, 다른 친구들이 모두 그곳에 가지 말라고 합니다. 이런 경우에 그곳에 가야 할까요? 가지 말아야 할까요?

 내 생각

 까닭

아·이·들·을·위·한·P·S·A·T·와·L·E·E·T

1 여우가 행복한 까닭을 가장 잘 설명한 것은?

> 꼬마 생쥐는 여우에게 물었어요.
> "저 벽 뒤에 뭐가 있는지 아니, 여우야?"
> "벽 뒤에 뭐가 있든 무슨 상관이야." 여우가 씩 웃었어요.
> "꼬마 생쥐, 넌 질문이 너무 많아. 뭐든 있는 그대로 받아들여. 그러면 나처럼 행복해질 테니까."
> 그러고는 서둘러 가 버렸어요.
>
> 본문 10쪽에서

① 씩 웃었기 때문에.
② 질문이 너무 많아서.
③ 벽 뒤에 뭐가 있는지 몰라서.
④ 뭐든 있는 그대로 받아들여서.
⑤ 꼬마 생쥐가 여우에게 물었기 때문에.

2 다음 글에서 가장 중요한 말이라고 할 수 있는 것은?

> "꼬마 생쥐야, 네 인생에는 수많은 벽이 있을 거야.
> 어떤 벽은 다른 이들이 만들어 놓지만 대부분은 네 스스로 만들게 돼.
> 하지만 네가 마음과 생각을 활짝 열어 놓는다면 그 벽들은 하나씩 사라질 거야.
> 그리고 넌 세상이 얼마나 아름다운지 발견할 수 있을 테고."
>
>  본문 24쪽에서

① 스스로 만든 벽
② 내 인생의 수많은 벽
③ 세상이 아름답다는 것
④ 마음과 생각을 열어 놓는 것
⑤ 다른 이들이 만들어 놓은 벽

3 꼬마 생쥐가 ㉠과 같이 생각한 까닭은?

> 파랑새와 꼬마 생쥐는 함께 벽을 넘어 날아갔어요.
> 꼬마 생쥐는 상상도 못하던 색색 가지 아름다운 세상을 발견했어요.
> "㉠ 여기는 껌껌하고 으스스할 거라고 생각했어. 내 친구들이 그렇게 얘기했거든."
> 꼬마 생쥐가 말했어요.
> 파랑새가 설명해 주었어요.
> "그 친구들은 두려운 마음으로 봐서 그래. 너는 궁금해하면서 봤잖아. 넌 정말 용감했어. 진실을 스스로 찾아나설 정도로 말이야.
>
> 본문 20~24쪽에서

① 친구들이 그렇게 얘기해서.
② 실제로 껌껌하고 으스스했으니까.
③ 아름다운 세상을 발견했기 때문에.
④ 꼬마 생쥐는 상상도 못했기 때문에.
⑤ 파랑새와 꼬마 생쥐가 함께 벽을 넘었으니까.

한국인의 독서지도 교재 **i 로직아이 샘**

교재의 특징

박우현 교수와 현장의 교사들이 함께 만든 22권의 독서지도 교재

- 6권의 필독서를 읽고 수업하는 독서지도 교재. 자연스럽게 글쓰기 논술 실력도 늘게 하는 교재
- 5급 공무원 시험인 공직 적성 평가와 법학 전문 대학원 입학시험 형식의 문제 수록

파랑(서울시 교육감 인정 도서)　**노랑**(교과서 수록 작품)　**초록**(신간 교과서 수록 작품 중심)　**빨강**(스테디 셀러 중심)
(총 1~6단계)　　　　　　　(총 1~6단계)　　　　　(총 1~6단계)　　　　　　　(총 1~4단계)

각 단계는 학년을 기준으로 함. (1학년은 1단계, 6학년은 6단계)
빨강 교재만 학년 중첩. (1단계는 1-2학년, 2단계는 2-3학년, 3단계는 4-5학년, 4단계는 5-6학년)

중학생을 위한 독서 논술
로직아이 수 秀 민트&퍼플

교재의 특징

① 엄선한 필독서 2·3권과 한국 근현대 문학 수록
② 다양한 토론, 요약과 정리 문제 수록
③ PSAT와 LEET형식의 문제 수록

글쓰기 논술 쓰마 & 박우현의 요약과 논술
입문 & 기초

1단계 - 1, 2권 글쓰기 논술 기초 교재
2단계 - 1, 2, 3권 글쓰기 논술 발전 교재
3단계 - 1, 2권 글쓰기 논술 심화 교재

I. 입문편
II. 기초편

교재의 특징

① 쓰마는 과정 중심 글쓰기 논술 교재
② 쓰마는 초등 1학년 부터 6학년 까지
③ 박우현의 요약과 논술은 중등 1학년 부터

---

* (주) 로직아이는 독서 지도나 글쓰기 지도를 하고자 하는
학부모와 선생님들을 위한 교육사업 법인입니다.

책 속에는 꿈이 있습니다.
배우겠다는 의지만 있으면 실력은 늘기 마련입니다.

서울특별시 마포구 잔다리로 120 성동빌딩 303호 (서교동)　전화 (02)747-1577 팩스 (02)747-1599

〈로직아이 샘〉과 길라잡이 사용 방법

| 특징 |

1. 〈로직아이 샘〉1권은 6편의 동화로 구성되어 있으며, 동화 1편은 표지 포함 10쪽으로 이루어져 있다. 글쓰기 문제와 논술 문제는 별도로 담지 않았다.
2. 〈로직아이 샘〉은 모둠 수업을 하는 독서지도사, 방과후 학교 교사, 글쓰기 논술 학원 교사 그리고 서술식 문제로 출제 평가하는 초등학교 중학교 교사에게 필요한 교재이다.
3. 동화 한 편의 워크북은 90분 수업에 적합하도록 구성했다.
4. 한 권의 독서지도 교재에는 5개 영역(문학 언어, 인문 예술, 사회, 역사 인물, 과학 탐구)을 담되, 문학 언어 영역이 1/2이 넘도록 했다. 1학년 이하는 전 편을 문학 언어 영역으로 구성했다.

1학년은 1단계, 2학년은 2단계, 3학년은 3단계, 4학년은 4단계, 5학년은 5단계, 6학년은 6단계로 구분했지만, 아이들의 취향이나 독서 수준, 선생님의 지도 방법에 따라 선택 지도할 수 있다.

| 각 꼭지 별 내용 |

* 각 작품의 첫 쪽에는 책의 줄거리와 도서 선정 이유를 담고 있다.

'책을 펴는 아이들'은 읽기 전 활동에 해당한다.

'책을 다시 읽는 아이들'은 책을 다 읽은 후에, 책의 내용을 다시 한번 점검하는 활동을 담고 있다.

'책을 깊게 읽는 아이들'은 주제를 심화시키는 활동에 해당하므로 책의 주제를 정리하는 데 초점을 맞추어야 한다.

'책을 내 것으로 만드는 아이들'은 독서 내용을 확장하는 활동 꼭지이다.

'아이들을 위한 PSAT와 LEET'는 논리적인 사고를 훈련하는 꼭지다. PSAT(공직적성평가)와 LEET(법학적성평가) 형식의 문제 유형을 초등학생 버전으로 만든 것이다.

황소와 도깨비

책을 펴는 아이들(5쪽)

1. [예시답]

겨울, 돌쇠, 재주, 황소, 하품, 꼬리, 산, 도깨비(8개)

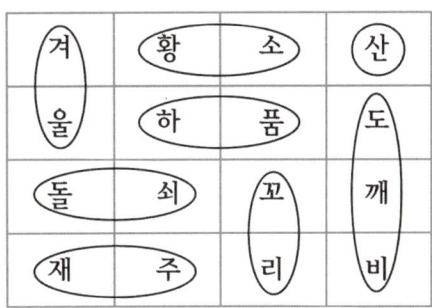

[길라잡이]

저학년 수준에서 어휘력을 키울 수 있도록 책 내용에서 낱말을 추출하여 구성했다. 8개의 낱말을 다 찾으면 칭찬을 해 주고 못 찾는 학생에게는 개별 지도를 한다. 빨리 찾은 학생에게는 찾은 낱말을 넣어서 짧은 문장을 쓰게 하는 것도 좋다.

2. [예시답]

유희왕 카드, 과일, 사람, 공룡 알, 큰 버스

[길라잡이]

"학생들에게 황소의 불룩해진 배를 그린 책 표지를 보여 주고, 왜 이렇게 황소의 배가 불렀을까요?" 하고 질문할 수 있다. 각자 황소의 배 속에 무엇이 들어 있을지 상상해서 그림으로 그려 보게 한다. 황소의 배가 둥근 타원으로 불룩해졌음을 강조한다. 어떤 답이든 그렇게 생각하는 이유를 들어 본 후에 모두 허용하는 것이 아이들의 자신감을 키워 주는 데 도움이 된다.

3. [길라잡이]

아이들이 그린 그림을 친구들에게 소개하고, 서로가 그린 배부른 황소의 모습과 배 속에 있는 것에 대해 이야기 나누게 한다.

4. [길라잡이]

한 명은 돌쇠가 되고 한 명은 황소가 되어 하품하는 장면을 재연하게 한다. 이때 한 명은 돌쇠가 되어 하품을 유도했던 다양한 방법 즉 코를 간지럽게 하기, 콧등을 쓰다듬기, 옆구리 간지럽게 하기, 먼저 하품을 크게 하기 등 여러 가지 방법을 시도해 보는 것에서부터 하품하는 장면까지 표현하게 한다. 직접 황소가 된 느낌도 표현해 보면 더 좋다. 책을 읽을 때 그 느낌을 더욱더 실감할 수 있기 때문이다.

책을 다시 읽는 아이들 (6~7쪽)

1. **[정답]**
   돌쇠가 황소와 함께 장에 갔다가 집으로 돌아오는 길에.
   [길라잡이]
   "돌쇠가 황소와 함께 장에 갔다가 집으로 돌아오는 길에 날이 흐려서 어두워졌을 때" 도깨비를 만났다고 해도 맞는 이야기라고 할 수 있다. 더 나아가 "날이 흐려서인지 반도 못 와서 어두워졌을 때"라고 해도 무방하다.

2. **[정답]** | 산오뚝이

3. **[정답]**
   도깨비가 불쌍해서. 소의 힘을 열 배나 세게 해 준다고 해서. 해로운 일은 아닌 듯해서. 꼭 두 달 동안만이라고 하니까. 소가 고개를 끄떡였으니까.
   [길라잡이]
   자신이 애지중지하던 황소 배 속에 도깨비를 들어가게 하는 것은 돌쇠로서는 쉬운 결정이 아니었지만, 이런 결정을 한 이유에 대해 생각해 보는 문제이다. 선생님이나 학부모는 아이들에게 이 장면이 중요하다는 인식을 갖게 해야 한다. 갈등하는 부분이고 사건의 발단이기 때문이다. 맥락이 맞으면 맞다고 해 준다.

4. **[정답]**
   매일 누워서 돌쇠가 주는 음식을 맛있게 먹어서 살이 너무 많이 쪘고, 도깨비가 나오기에는 황소의 모가지가 좁아졌기 때문이다.

5. **[예시답]**
   도깨비가 두 달 만이라고 한 것이 거짓말이었다고 생각했으니까. 그리고 황소가 죽게 생겼으니까. 도깨비를 원망하는 마음이 들어서.
   [길라잡이]
   황소에 대한 돌쇠의 마음과 돌쇠가 처한 상황에 대한 이해에 초점을 둔다. 따라서 그때 어떤 마음이 들었는지, 황소의 죽음을 사람의 죽음에 비유해 생각해 보게 하고, 돌쇠의 황소에 대한 마음도 생각하게 함으로써 돌쇠의 마음에 더 접근하도록 한다.

6. **[예시답]**
   약속한 날짜만 기다렸다. 소 입 가까이에 귀를 가져다 댔다. 옆구리도 찔러 보고, 콧구멍에다 막대기도 꽂아 보고, 간질여도 보고, 콧등을 쓰다듬어 보았다. 만나는 사람마다 붙잡고 물어보았다. 동네에서 제일 나이 많고 뭐든지 잘 안다는 노인에게도 물어보았다.
   [길라잡이]
   시간이 허락한다면 현대적인 해결책을 생각해 볼 수도 있을 것이다. 수의사라는 직업과 구제역 등 현대 시사 문제와 연계해서 브레인스토밍을 하는 방법도 좋을 것이다.

7. **[정답]**
   돌쇠가 하품을 하는 것을 본 황소가 따라서 하품을 시작해서.
   [길라잡이]
   책 속 삽화를 보여 주며 돌쇠는 왜 하품을 하였는지, 그리고 황소가 돌쇠의 하품을 따라서 한 이유 등을 연계한다. 벌어진 황소 입으로 통통히 살찐 새끼 도깨비가 깡충 뛰어나오는 모습을 머릿속에 그려 보는 것도 좋다.

8. **[예시답]** | 110배
   [길라잡이]
   10쪽, 24쪽, 30쪽을 다시 읽게 하여 수치를 계산하게 한다. 어떤 점에서는 처음의 1,000배가 될 수도 있다. 처음 10배에 100배니까. 그러나 여기서는 처음보다 엄청나게 힘이 세졌다는 것으로 이해해도 될 것이다.

책을 깊게 읽는 아이들 (8~9쪽)

1. **[예시답]**
   "죽을 걸 살려 줬는데 설마 나쁜 짓이야 할까?"라는 생각이 들어서. 도깨비가 어렸기 때문에.
   [길라잡이]
   책을 깊게 읽기 위한 방법으로는 다음과 같은 방법이 있다. 책을 읽으면서 궁금했던 점을 질문지로 만들어서 친구들끼리 바꿔서 답을 해 보는 것도 좋다. 다시 한번 생각해야 하기 때문이다. 이 문제는 돌쇠의 선한 마음과 은혜를 갚는 도깨비를 생각하게 한다. 약속과 신뢰의 소중함을 깨닫게 한다. 의심이라는 말과도 연계하여 설명할 수 있다.

2. **[예시답]**
   황소가 100배나 힘이 세졌으니까. 결국 황소가 살았으니까. 죽을 것을 살려 주면 나쁜 짓을 하지 않는다는 것을 알게 되었으니까. 누구든 살려 주면 은혜를 갚을 것이라고 생각해서.
   [길라잡이]
   "끝이 좋으면 다 좋다."라는 말이 있다. 황소의 힘도 세지고 좋은 일의 결과로 돌쇠의 기분도 좋아졌기 때문에 그렇게 말했다고 할 수 있다.

3. **[예시답]**
   도깨비가 재주를 넘고 순식간에 사라지고 황소의 배가 홀쭉해져서.
   [길라잡이]
   눈앞에 있던 것이 순식간에 사라지면 누구나 그렇게 생각할 수 있다.

4. **[예시답]**
   나무의 양, 힘의 차이, 소의 얼굴에 나타난 자신감.

[길라잡이]
그림책에서는 글자보다 그림이 중요하다고 할 수 있다. 이 책은 〈황소와 도깨비〉로서 황소의 모습이 중요한 위치를 차지한다. 처음부터 소의 모습만 보아도 재미있다.

5. [예시답] | 도와줄 것이다.
[길라잡이]
마지막에 돌쇠의 심경이 많이 변했음을 알 수 있다. 그와 같이 신나는 마음에서는 도깨비의 부탁은 어떤 것이라도 들어 줄 것 같다. 그러나 아이들은 황소가 죽을 것 같은 고비를 넘긴 사실을 들어 도와주지 않을 것이라고 대답할 수 있다. 그렇게 대답한다고 해도 교사나 학부모는 편견 없이 반응해 주어야 한다. 정해진 답이 없는 문제이기 때문이다.

책을 내 것으로 만드는 아이틀(10~11쪽)

1. [예시답]
돌쇠가 도깨비를 배 속에서 살도록 허락해 줄 때:
도깨비가 내 힘을 10배나 세게 해 준다고 했으니 믿어 봐야지.
열 배나 힘이 세어졌을 때:
이제 힘이 세지니까 짐도 그전보다 10배는 더 싣고 다닐 수 있고 달구지도 쉽게 끌 수 있어 기분이 너무 좋다. 우리 주인 돌쇠도 금세 부자가 되어 나는 여물도 많이 먹을 수 있을 거야.
도깨비 때문에 배가 아플 때:
괜히 도깨비를 배 속에 넣으라고 했나? 아니야. 조금 참으면 될 거야. 우리 주인 돌쇠가 살려 줄 것이라고 믿어야지.
돌쇠가 눈물을 흘리며 자신을 바라볼 때:
나도 슬프지만, 진정으로 나를 걱정해 주는 주인님이 진짜 고맙다. 빨리 배 아픈 것이 나아 일을 해야 걱정을 덜어 줄 텐데.
[길라잡이]
정해진 답이 있는 것은 아니다. 황소의 입장이 되어 보는 것은 다른 사람이나 다른 동물의 입장을 생각해 보는 훈련이라고 할 수 있다. 전체적인 흐름이 중요하고 맥락에 문제가 없으면 칭찬해 주는 것이 좋다.

2. [예시답]
나는 돌쇠의 황소입니다.
나는 불쌍한 도깨비를 살려준 일은 (잘한 일, 잘못한 일)이라고 생각합니다.
왜냐하면: 죽을지도 모르는 생명을 (살려 주)었기 때문입니다.
그런데 나는 도깨비 때문에 아파서 죽을 뻔했습니다.

하지만 잘 견뎌 냈고 힘도 엄청나게 세졌습니다.
그래서 앞으로도 다른 동물을 살리는 일이라면 기꺼이 나서서 도와줄 것입니다.
[길라잡이]
위의 이야기는 잘한 일이라는 입장에서 쓴 것이지만, 잘못한 일이라고 생각하는 아이들도 있을 수 있다.

3. [예시답]
돌쇠 아저씨, 그동안 참 고마웠어요. 은혜를 절대 잊지 못할 거예요. 죽을 뻔한 저를 살려 주신 보답을 하겠습니다. 돌쇠 아저씨가 가장 귀하게 여기는 황소의 힘을 100배 이상 세게 해 줄게요. 그렇게 되면 아저씨와 황소는 열심히 일해서 부자가 될 수 있을 거예요.
김은재 올림
[길라잡이]
여기서는 단순히 금은보화를 준 것이 아니라 황소의 힘을 세게 해 준 것에 초점을 맞춘다. 시간이 허락하고 아이들이 좋아한다면 돌쇠가 산도깨비에게 편지를 쓰게 하는 것도 좋다. 양쪽 입장을 생각할 수 있기 때문이다.

4. [예시답]
상장
명예 도깨비 시민상
이름: 돌쇠
위 사람은 살아서 도깨비에게 좋은 일을 했기 때문에 죽어서 도깨비 나라에 와서 살 수 있는 권리를 부여함.
도깨비 나라 대왕: 왕깨비

아이틀을 위한 PSAT와 LEET(12~13쪽)

1. [정답] | ②
[길라잡이]
낱말의 상관 관계와 글 속의 의미를 근거로 추론하는 문제이다. '돌쇠는 황소가 눈을 맞을까 봐 잠시 주막에 들어가 쉬었습니다.' 지문 속의 상황과 황소를 끌고 급히 길을 떠난 상황을 연결하면 금방 눈이 그쳤음을 알 수 있다. 눈이 많이 내렸다거나 그치지 않았다는 것은 어색하다. 긍정적인 의미의 문장이 와야 함을 알게 한다. 다행히 "천천히 그쳤습니다."라는 문장도 답이라고 주장하는 아이들도 있겠지만, 그 뒤의 문장 "돌쇠는 황소를 끌고 급히 길을 떠났습니다."라는 문장을 보면 금방 그쳤다고 해야 맞을 것이다. 천천히 그쳐서는 떠나기 어려울 것이다. 여기서는 '다행히'의 뜻을 생활 속의 예를 들어 말해 보는 것도 좋고 '다행', '행복', '불행' 등의 낱말이 쓰인 예를 찾아보게 하는 것도 좋다.

2. [정답] | ①
[길라잡이]
지시 대명사의 의미를 파악하는 문제이다. "야단났구나. 날은 춥고 길은 어둡고, 그렇지만 할 수 있나. 자, 어서 가자."와 "어느 겨울날, 장에 갔다가 집으로 돌아오는 길이었습니다."를 연결하면 알 수 있다. 집으로 가자는 의미가 될 수밖에 없다.

3. [정답] | ④
[길라잡이]
이 문제는 문장의 전후 관계를 통해 의미를 파악하는 문제이다. 손뼉을 쳤다는 사실 바로 앞의 내용이 정답이다. ⑤는 그 결과이기 때문에 이유라고 할 수 없다.

4. [정답] | ③
[길라잡이]
이 문제는 문장의 구조를 알아보는 문제이면서 문장들의 관계를 생각해야 하는 문제이다. "날씨까지 추워 상처 난 꼬리가 쑤시고 아팠습니다. 그래서 꼼짝 못하고 숲속에 있다가, 마침 돌쇠가 지나가는 것을 보고 살려 달라고 뛰어나온 것입니다."라는 문장에서 앞 문장은 이유이고 뒷문장은 결과이다. '그래서'라는 단어가 그 관계를 확실하게 보여 준다. ①과 ④도 '그래서'라는 단어가 들어 있다. 이 문장들 역시 까닭과 결과의 관계임을 알 수 있다. ②와 ⑤에는 '그래서'라는 단어가 없지만 두 문장의 관계가 그렇다는 것을 알 수 있다. 이 단어를 넣어 읽으면 분명하게 알 수 있다. ② 제가 살이 너무 많이 쪘나 봐요. (그래서) 소 모가지가 좁아서 도저히 빠져 나갈 수가 없어요." ⑤ "황소의 힘이 열 배나 세진 것입니다. (그래서) 그전에는 하루 종일 걸리던 장터를 나무를 가득 지고도 하루에 세 번씩이나 왕래했습니다." 그런데 ③은 그런 관계로 되어 있지 않다. 단지 "어느 산골에 돌쇠라는 나무 장수가 있었습니다." (그런데) "돌쇠는 부모도 친척도 없이 혼자 살았습니다."라고 하여 돌쇠에 대해 설명하는 문장이라고 할 수 있다.

구름을 키우는 방법

 책을 펴는 아이들 (15쪽)

1. [예시답]
비, 눈, 무지개, 뭉게뭉게, 둥실둥실, 솜사탕 등 다양한 표현들
[길라잡이]
날씨와 관련된 단어도 좋고 아이들이 상상해서 생각해 내는 다양한 표현도 이야기할 수 있도록 하는 문제이다. '구름'이 다양한 상상력의 도구가 될 수 있도록 지도한다.

2. [예시답]
① 면책 ② 부주의 ③ 구매자 ④ 판매자 ⑤ 신신당부
⑥ 입양
[길라잡이]
몇 개의 단어는 초등학교 저학년에게는 어려울 수 있다. 그러나 쉬운 단어들로 이루어진 문장들 위주로 읽는다면 간혹 어려운 단어가 들어간 문장을 읽어야 읽기 능력을 키울 수 있음을 알아야 한다. 면책(免責 : 면할 면, 꾸짖을 책) : 책임이나 꾸짖음에서 벗어남 / 부주의(不注意 : 아니다 부, 부을 주, 뜻 의): 마음에 새겨두고 조심하지 않음 – '부(不)'자는 '아니다'는 뜻이 있음을 설명 / 신신당부: 쉬지 않고 거듭 반복한다는 의미의 '신신'에, 말로 단단히 부탁한다는 뜻의 '당부'가 합쳐진 말 / 입양 : 부모와 자식 같은 혈연관계가 아니라 일반인들 사이에서 법률적으로 친자 관계(親子關係)를 맺는 것

 책을 다시 읽는 아이들 (16~17쪽)

1. [정답]
사람들은 새로 생긴 회전목마나 인형 극장으로 갔어요.
[길라잡이]
문제에 있는 공원 그림을 보며 어떤 것들 있는지 관찰하도록 한다. 그리고 책에서는 '사람들은 새로 생긴 회전목마나 인형 극장으로 갔어요.'라고 쓰여 있는 부분을 읽어 정답을 알 수 있도록 한다. 또한 자신이 공원에 갔을 때의 경험을 이야기하며 실제 공원에 무엇이 있는지도 이야기할 수 있도록 한다.

2. [정답] | 구름 파는 아저씨한테 달려갔어요.
[길라잡이]
리지가 왜 구름을 좋아하는지 생각해 보고 아이들은 공원에서 어떤 것을 좋아하는지 아이들의 경험을 이야기할 수 있도록 한다.

3. [정답] | 구름에게 이름을 지어 주는 것
[길라잡이]
이 문제의 답이 잘 떠오르지 않는다면 『구름을 키우는 방법』을 읽어 보도록 하며 1번이 '구름에게 이름을 지어 줄 것'임을 확인하도록 한다. 이름을 지어 준다는 것은 보호자로서 역할을 해야 하고, 애정을 갖고 특별한 관계가 된다는 것을 아이들이 이야기하도록 유도한다.

4. [정답] | 다솜
[길라잡이]
리지가 왜 다솜이라는 이름을 지었을지 추측해 보도록 한다. 다양한 의견을 들어보고 다솜은 '사랑'이라는 순 우리말의 뜻도 있음을 설명해 준다.

5. [예시답]
정성껏 키웠어요. / 다솜이를 엄마처럼 잘 키웠어요.
[길라잡이]
날마다 다솜에게 조심스럽고 정성스럽게 물을 주는 리지. 해가 나면 다솜이를 산책시키고 다솜이가 좋아하는 것이 무엇인지도 알고 있다는 말에는 다솜이를 아끼고 사랑으로 잘 보살핀다는 의미가 담겨 있음을 이야기해 준다.

6. [예시답] | 비 오는 날
[길라잡이]
비 오는 날 리지가 다솜이를 창밖에서 비를 맞게 하는 그림과 내용을 확인하도록 한다.

7. [정답]
해가 나는 날 : 다솜이와 산책했어요.
비가 오는 날 : 다솜이를 창밖에 비 맞게 했어요.
[길라잡이]
해가 나는 날과 비 오는 날의 리지의 행동을 관찰하고 이야기하도록 한다.

8. [예시답]
천둥이 치고 소나기가 내릴 수 있다고 했어요.
[길라잡이]
책에서는 천둥이 치고 소나기가 내리는 것을 구름이 기분이 안 좋으면 벌어지는 상황이라고 재미있게 표현하고 있다. 아이들은 기분이 안 좋을 때 어떻게 표현하는지 이야기해 본다.

9. [예시답]
절대로 구름을 좁은 곳에 가두지 말 것
[길라잡이]
구름이 커지면 더 이상 좁은 곳에 있을 수 없다는 것을 깨닫게 되는 중요한 항목이다. 자유가 필요한 다솜이를 보내 주어야 할 때라는 것을 받아들이는 리지의 마음을 이해해야 한다. 사람이든 동물이든 커질수록 그에 맞는 환경과 대우가 필요하다는 것도 아이들과 자유롭게 이야기한다.

10. [예시답]
리지는 하늘의 구름들을 보면 다솜이를 생각하고 몽실몽실한 구름을 보면 손을 흔들었어요.
[길라잡이]
다솜이와 헤어진 다음에 리지의 마음은 어떨지 생각해 보는 문제이다. 소중한 관계에 대해 이해하도록 한다.

 책을 깊게 읽는 아이들(18~19쪽)

1. [예시답]
비는 다솜이의 신선한 먹이이기 때문이에요. / 비를 맞으면서 구름을 더 키울 수 있기 때문이에요.
[길라잡이]
다솜이에게는 매일 물을 줘야 하고 그런 다솜이는 가끔 비도 내리기 때문에 다솜이는 물과 밀접한 관계가 있음을 이야기한다. 습도가 높아지는 날, 비 오는 날을 다솜이가 좋아하는 날이라고 표현했다.

2. [예시답]
번개가 치려고 준비하는 소리 / 천둥치는 소리
[길라잡이]
천장을 다 덮을 정도로 커진 다솜이가 더 이상 방안에서 지내기 힘든 상황임을 깨닫게 되는 문제이다. 『구름을 키우는 방법』 안내서에서 구름은 예민하고 기분이 좋지 않을 때는 천둥이 치고 소나기가 내릴 수 있다고 했으므로 방이 좁아 기분이 안 좋아진 다솜이가 천둥번개를 동반한 소나기를 퍼부었음을 추측할 수 있다.

3. [예시답]
엉망이 된 방을 보면 다솜이도 후회할 것이라고 생각해서. / 다솜이도 리지가 당황하고 속상해하는 것을 보면 후회할 것이라고 생각해서. / 밤새 비를 퍼붓다가 미안한 마음에 아침에 빗방울만 조금 떨어뜨리는 것 같아서.
[길라잡이]
밤부터 아침까지 비를 퍼부어 방이 엉망이 되었다. 하지만 다솜이도 후회할 것이라고 생각하는 리지의 마음을 헤아릴 수 있는 문제이다. 리지의 마음이 되어 생각해 보고 상황별로 아이들과 다양한 의견을 나누도록 한다.

4. [예시답]
엄청 많은 비를 쏟아 내서 방이 엉망이 되었어요.
[길라잡이]
그림을 보고 무슨 상황인지 추측해 보는 문제이다. 리지의 방이 헝클어지기 전 다솜이의 기분을 생각해 보고 엉망이 된 방의 모습을 관찰한다. 리지는 장화를 신고 있으며 양동이와 그릇에는 물이 넘쳐 바닥에 가득한 상황을 보고 많은 비가 내렸을 것이라는 사실을 알 수 있다.

5. [예시답]

구름을 입양했을 때	구름을 돌볼 때	구름을 보낼 때
새로운 만남에 대한 설렘. 잘 키우겠다는 다짐, 결심.	돌볼 대상이 있다는 뿌듯함. 특별한 친구가 있다는 행복감.	더 함께하지 못하는 아쉬움과 잘 지낼 수 있을까 하는 걱정.

[길라잡이]
상황에 따라 리지의 마음을 생각해 보는 문제이다. 새로운 친구를 만나고 헤어지기까지의 마음을 충분히 이야기해 본다.

책을 내 것으로 만드는 아이들(20~21쪽)

1. **[예시답]**
   구름모양 : 문어 모양
   구름의 이름 : 뿌우뿌우
   키우고 싶은 이유 : 문어 입 모양으로 원하는 곳에 물을 뿌리고 싶어서
   구름과 같이 하고 싶은 일 : 뿌우뿌우와 함께 물이 부족한 나라의 아이들이나 물이 필요한 농장 등을 찾아다니며 의미 있는 일을 하고 싶어요.
   [길라잡이]
   다양한 상상을 자유롭게 이야기할 수 있는 문제이다. 엉뚱하고 재미있는 의견들도 자유롭게 이야기하도록 한다.

2. **[예시답]**
   000을 키우는 방법
   1. 하루에 한 번 이상 사랑한다는 말로 사랑받고 있다고 꼭 알게 해 주세요.
   2. 외롭게 혼자 두지 말아요.
   3. 먹을 것을 많이 주지 말기. 배탈이 나면 많이 아플 수 있어요.
   4. 집이 좁을 정도로 몸이 커지면 큰 집으로 바꿔 주세요.
   [길라잡이]
   『구름을 키우는 방법』처럼 반려동물이나 반려식물을 키우기 위한 안내서의 규칙을 토론을 통해 채워 가도록 한다. 자유롭게 이야기하되 반려 동식물의 입장에서도 생각하여 잘 보살필 수 있는 조항을 넣을 수 있도록 유도한다.

3. **[예시답]**
   친구(반려동물·식물)를 세심하게 돌볼 수 있는 배려심과 끝까지 함께할 수 있는 책임감이 필요해요. / 만날 때는 좋지만 간혹 헤어질 때도 생각해야 해요.
   [길라잡이]
   구름은 방에서 지내기 힘들어 자유를 찾았지만, 반려동물을 입양해서 키울 때는 끝까지 책임을 다해야 한다는 것을 꼭 주지시킨다. 보통의 반려동물을 그냥 자연으로 돌려 보내면 생태계를 파괴하거나 제대로 살기 힘들다는 것을 설명해 준다. 달팽이나 개구리, 강아지 등 다른 동물이 커져서 집이 좁아지면 그에 맞는 집을 바꿔 주고, 식물이 커지면 분갈이를 해 줄 필요가 있다. 이런 내용을 아이들과 이야기한다.

4. **[예시답]**
   리지가 다솜이를 자유롭게 놓아 주는 장면이 가장 마음에 남았어요. 저도 키우던 강아지가 무지개다리를 건넜는데 그때의 마음이 생각나서 눈물이 났거든요.
   [길라잡이]
   아이들의 경험과 재미있었던 장면 등 다양한 이야기들로 다시 한번 『구름을 키우는 방법』을 정리하는 시간을 갖는다.

5. **[예시답]**
   사랑하는 리지에게
   리자야 안녕? 너의 특별한 친구 다솜이야.
   나는 지금 멀고먼 바다 위를 여행하고 있어. 네 말대로 큰 구름들 옆에서 같이 다니고 있으니까 내 걱정은 하지 마. 가끔 지나가는 배에서 너와 비슷한 아이를 보면 네가 무척 보고 싶고 그리워. 바다 여행이 끝나면 더 강한 구름이 되어 너에게 갈게. 그때까지 잘 지내고 있어.
   너의 구름 다솜이가.
   [길라잡이]
   편지 형식에 맞게 다솜이가 리지에게 마음을 전하는 글을 쓰도록 한다. 리지에 대한 그리운 마음과 고마운 마음을 표현하는 글을 쓰도록 지도한다.

아이들을 위한 PSAT와 LEET(22~23쪽)

1. **[정답]** | ③
   [길라잡이]
   이 문제는 사실 부합 여부를 묻는 질문이자, 지문의 내용을 일반적인 단어로 바꿀 수 있는지를 물어보는 문제이다. (가)의 내용은 구름은 유행이 지났지만 리지는 여전히 구름을 좋아한다는 내용이고, (나), (다)는 리지가 다솜이를 정성스럽게 배려하며 돌보는 내용이다. (나), (다)의 내용에서 다솜이가 좋아하는 것을 알 뿐만 아니라 다솜이를 위해 산책하는 것으로 보아 배려하는 마음이 있음을 알 수 있다. 그러므로 ③이 정답이다. ①은 다솜이가 반려동물이 아니기 때문에 정답이 아니다. ②는 지문에 없는 내용으로 리지에 대한 적절한 말이 아니다. ④는 리지가 유행이 지난 구름을 좋아하기 때문에 정답이 아니다. ⑤는 리지가 회전목마나 인형 극장에 가지 않았기 때문에 정답이 아니다.

2. **[정답]** | ③
   [길라잡이]
   지문을 읽고 리지가 말하는 '때'를 추론하는 문제이다. 지문에서 리지가 다솜이를 자유롭게 떠나보내야 할 때라는 것을 알았다고 추론할 수 있다. 그러므로 ③의 '이별할 때'가 정답이다. ①과 ④는 지문만으로는 추론할 수 없는 내용이므로 정답이 아니다. ②도 친구가 필요하다는 내용이 지문에 나오지 않기 때문에 정답이 아니다. ⑤는 다솜이가 여행을 잠시 다녀오는 것이 아니라 떠나보내야 하는 것이기 때문에 정답이 아니다.

3. **[정답]** | ⑤

[길라잡이]
주어진 문장의 이유나 근거를 추론하는 문제이다. 지문의 내용을 읽고 다솜이를 탓할 수 없는 이유 또는 근거를 생각하는 문제이다. 밑줄 친 내용 뒤에 설명서에서 가장 중요한 규칙을 잊고 있었기 때문이라는 말이 나온다. 이 문장이 까닭이다. 그러므로 정답은 ⑤이다. 다시 말하면, "다솜이를 탓할 수 없었어요. 리지는 설명서에서 가장 중요한 규칙을 잊고 있었기 때문이에요."라고 할 수 있다. 지문의 내용으로는 다솜이가 떠날 것, 배고프다는 것, 리지가 다솜이를 사랑한다는 것, 화나게 했다는 것을 알 수 없기 때문에 ①, ②, ③, ④는 정답이 아니다.

4. [정답] | ⑤
[길라잡이]
이 문제는 지문 전체의 의미를 생각하면서 비슷한 의미의 문장을 고르는 비교 대조의 문제이다. 지문의 핵심은 다솜이를 떠나보내는 리지의 '걱정하는 마음'이다. 그래서 걱정하는 마음이 담긴 문장을 선택해야 한다. ①은 구름을 보았다는 사실, ②는 심부름을 시킨 상황을 이야기하고 ③은 아빠가 상 받은 태희를 칭찬하며 자랑스러워하는 마음을 보여 주고 있다. ④는 선생님께서 자리를 배정한 상황을 이야기하고 있다. 이와 같은 상황에서는 걱정하는 마음을 느끼기 어렵다. 그래서 ①, ②, ③, ④는 정답이 아니다. ⑤는 민주가 소풍에서 길을 잃을까 봐 걱정하는 엄마의 마음을 알 수 있다. 그러므로 정답은 ⑤이다.

한밤의 선물

 책을 펴는 아이들(25쪽)

1. [정답]
① 한밤   ② 감싸다   ③ 고요   ④ 덩이   ⑤ 물안개
⑥ 기지개   ⑦ 노을
[길라잡이]
뜻풀이에 맞는 단어를 찾는 문제이다. 어휘는 독서의 기본이다. 단어의 뜻을 잘 모르면 문장의 의미, 더 나아가 글 전체의 의미를 알기가 어렵다. 어휘력을 키우기 위해서는 문장 속에서 단어의 뜻을 파악하는 것이 좋다. 단어는 문장 속에서 그 뜻을 분명하게 보여 주기 때문이다. 교사나 학부모는 해당 단어들을 넣어서 말함으로써 학생들의 이해를 도울 수 있다.

2. [예시답]
나는 (저녁) 시간이 좋아요.
왜냐하면 (아빠와 놀 수 있기) 때문이에요.

[길라잡이]
아이들이 생각하는 가장 좋은 시간과 싫은 시간을 이야기하게 하고 그 이유를 묻는다. 그 이유가 '그냥'이나 '이유 없음'이 되어선 안 된다. 이유를 생각하는 것이 어렵더라도 이유(까닭)를 생각하는 습관을 가져야 좀 더 깊게 생각할 수 있다. 또 엄마와 아빠는 어떤 시간을 왜 좋아할지도 생각해 본다.

3. [예시답]
상쾌한 – 산에 올라가면 상쾌한 공기를 마실 수 있다.
(상쾌하다 : 느낌이 시원하고 산뜻하다)
포근히 – 엄마가 포근히 안아 주실 때가 좋다.
(포근하다 : 보드랍고 따뜻하다. 편안한 느낌이 있다)
[길라잡이]
본문에 나오는 단어를 이해할 수 있고 바르게 표현할 수 있는 활동이다. 다양한 어휘를 이해할 수 있도록 예를 들어 설명해 주어도 좋다.

 책을 다시 읽는 아이들(26~27쪽)

1. [정답] | 새벽, 아침, 한낮, 저녁, 한밤
2. [정답]
새벽 – 하양, 아침 – 파랑, 한낮 – 노랑
저녁 – 빨강, 한밤 – 검정
3. [정답]
아무것도 없고 깜깜하기만 해서, 혼자만 선물을 못 받아서.
[길라잡이]
본문에 나온 것은 '아무것도 없고 깜깜해서' 눈물을 흘렸지만, 전체적인 내용을 보면 혼자만 선물을 못 받아 속상해서 눈물을 흘렸을 수도 있다. 책에서 답을 찾아보는 것도 좋지만 전체적인 상황을 추론해 볼 수 있도록 한다. 그래야 책을 읽을 때 좀 더 집중할 수 있다.
4. [정답] | 시원한 바람
5. [정답] | 그림자가 생기게 해 주었다.
6. [정답] | 1-5-4-2-6-3

 책을 깊게 읽는 아이들(28~29쪽)

1. [예시답]
첫 번째 그림 : 다섯 마리 토끼, 다섯 아이 등
두 번째 그림 : 무엇을 보고 있을까? 행복한 꿈 등
[길라잡이]
첫 페이지와 마지막 페이지의 토끼 모습이 사뭇 다르다. 얼굴을 보이지 않던 토끼의 모습이 마지막에는 모두 얼굴을 들어 무언가를 보고 있다. 이 그림만으로 아이들이 제목을 지어 볼 수 있도록 한다. 그림책에서는 그림의 의미도 상당히 중요하기 때문이다.

2. [예시답]
짹짹짹짹(새소리) 바스락바스락(나뭇잎 움직이는 소리) 휘이익(바람 소리)

[길라잡이]
전체적으로 파란 느낌을 주는 그림만 보고 떠오르는 소리를 생각하면 된다. 이 그림을 보고 생각했다면 아침에 아이가 듣는 소리에 대해서도 생각해 보게 한다. "일어나, 학교 늦었어!" 등.

3. [예시답]
밤하늘, 별 / 거리, 가로등

[길라잡이]
아이들의 답이 다양할 수 있다. 그러나 깜깜한 한밤에게 빛은 소중한 선물이었을 것이다. 그 빛이 어디에서 무엇이 되었는지 자유롭게 상상하면 된다. 다소 엉뚱한 답이 나와도 상관없다. '간 곳'과 '된 것'의 관계가 적절하기만 하면 무난하다. 아이들의 상상력을 가늠해 볼 수 있다.

4. [예시답]
깜깜해서 밤인 줄 알고, 밖에서 노는 걸 싫어해서, 나가는 게 귀찮아서, 등.

[길라잡이]
그림 하나하나가 소중한 내용을 담고 있는 도서이다. 책의 내용과 상관없이 그림만 보고 상상할 수 있도록 한다. 늘 나무 안에 있던 토끼가 친구들에게 그림자를 주고 나서부터는 밖으로 나오게 되었다는 의미의 그림을 보여 줘도 상상을 하는 데 도움이 될 것이다.

5. [예시답]
시간이 한밤에게 전해 줄 선물을 준비하지 못해서, 다른 아이들에게 선물을 나누어 주느라고.

[길라잡이]
정해진 답이 있는 문제가 아니다. 한밤만 선물을 못 받은 이유가 무엇인지를 생각하면서 아이들도 이런 경험이 있었는지 함께 이야기해 보도록 한다.

책을 내 것으로 만드는 아이들(30~31쪽)

1. [예시답]
상 이름 : 나눔상, 위로상, 착한 어린이상 등
이름 : 새벽, 아침, 한낮, 저녁
위 어린이는 선물을 받지 못한 한밤에게 자신들의 선물을 나누어 줘서 한밤에게 용기를 주고 위로해 주었기에 이 상을 수여함.

[길라잡이]
상을 받는 대상은 새벽, 아침, 한낮, 저녁이다. 이들이 받아야 하는 상의 이름도 직접 지어 주고, 상을 주는 이유를 쓰게 한다. 학교에서 받는 상을 생각하게 하면 쉽게 접근할 수 있다. 서로에게 상장의 내용을 읽어 주는 것도 수업을 재미있게 이끌 수 있는 방법이다.

2. [예시답]
한밤아, 슬퍼하지 마. 조금 기다리면 너도 선물을 받을 수 있을 거야.
한밤아, 다른 것을 생각해 봐. 그러면 선물 같은 것은 잊을 수 있을 거야. 힘 내.

[길라잡이]
원인을 생각해야 하는 문제이다. 한밤이 왜 슬퍼하는지를 알아야 적절한 위로를 해 줄 수 있을 것이다. 위로는 따뜻한 말이나 행동으로 슬픔을 달래 주는 일이기 때문이다.

3. [예시답]
흙 + 씨앗 = (꽃, 나무)
하늘 + 구름 = (아름다운 세상)
(이해) + (배려) = 우정

[길라잡이]
사고를 확장시키는 문제이다. 빛과 어둠이 다섯 아이들을 낳은 것처럼 흙과 씨앗, 하늘과 구름이 합쳐지면 무엇이 생길 수 있는지를 생각하고 우정이 생기려면 무엇이 필요한지 생각하게 한다. 교사나 학부모는 아이들과 함께 이 문제와 비슷한 다른 문제들을 더 해 볼 수 있다. 이와 같은 문제는 '확장하는 사고(바깥으로 발전하는 사고)'나 '수렴하는 사고(전체를 안쪽으로 모으는 사고)'를 강화할 수 있다.

4. [예시답]
(시은)에게 "(겨울 왕국 연필)을 줄게. 슬픔이 사라질 거야."
(은규)에게 "(장난감)을 줄게. 기분이 좋아질 거야."
(진아)에게 "(머리핀)을 줄게. 반짝반짝 빛이 날 거야."
(지원)에게 "(실뜨기 실)을 줄게. 정말 즐거울 거야."

[길라잡이]
작은 선물이 친구들에게 따뜻한 위로가 될 수 있다는 것을 알게 한다. 자신이 가진 것을 조금 나누는 것만으로도 친구들은 충분히 행복할 수 있다는 이야기를 해 준다.

5. [길라잡이]
어떤 결과물이든 아이들이 만든 것은 아이들만의 창작물이다. 어떤 아이는 이것이 자신이 만든 것 중에서 가장 좋은 작품일 수 있다. 교사나 학부모는 아이들이 만든 작품이 어떤 작품이든 칭찬할 거리를 찾아서 칭찬해 줄 필요가 있다. 자라나는 아이들에게 칭찬만큼 좋은 보상이 없다.

아이들을 위한 PSAT와 LEET(32~33쪽)

1. [정답] | ②

[길라잡이]

지문 전체의 내용을 일반화하는 문제로서 핵심을 알아야 답을 생각할 수 있는 문제이다. 지문은 책의 마지막 부분의 내용으로서, 글의 핵심은 친구들 모두가 돌아가도 한밤은 외롭지 않다는 것이다. 다시 말하면 친구들이 모두 돌아가도 그들이 준 선물 때문에 행복한 꿈을 꿀 수 있다는 내용이다. 외롭고 슬펐던 한밤이 다시 행복하게 되었으므로 ①, ③, ④는 정답이 아니다. 책 전체적인 내용으로는 ⑤가 답이라 생각할 수 있지만, 주어진 본문에 대한 제목을 묻는 문제이므로 정답은 ②이다. 여기서는 한밤이 선물을 받았다는 사실보다는 한밤의 행복한 모습이 더욱 중요하다고 할 수 있다.

2. [정답] | ①

[길라잡이]

주어진 문장의 근거를 추론하는 문제이다. 지문을 읽고 '한밤은 홀로 남았지만 하나도 외롭지 않은' 까닭을 생각해야 한다. 보통은 홀로 남으면 외로울 수 있다. 그러나 외롭지 않다고 했으니 그 이유가 있을 것이다. 한밤이 외롭지 않은 이유는 바로 다음에 나온다. "혼자가 아니었거든요." 이 문장이 까닭이다. 그러므로 정답은 ①이다. 다시 말하면, "한밤은 하나도 외롭지 않았어요. 혼자가 아니었기 때문"이라고 말할 수 있다. '새벽과 아침 그리고 낮이 가고, 저녁이 간 것'은 시간상 앞선 것일 뿐이고, 그 후에 '홀로 남았다'고 말할 수 있지만 '외롭지 않은' 것의 근거는 아니다. 그리고 '기분 좋은 바람이 분 것'과 '외롭지 않은 것'은 밑줄 친 문장과 별로 상관이 없다. ②의 '행복한 꿈을 꾼 것'이나 ③의 '잠이 든 것'은 그 후의 결과라고 말할 수 있다. 그러므로 ②, ③, ④, ⑤는 정답이 아니다.

3. [정답] | ③

[길라잡이]

이 문제는 한밤의 감정 변화를 추론하는 문제이다. 아이들은 각각의 문단에 대응하는 감정을 생각해야 정답을 이끌어낼 수 있다. 지문의 내용만으로도 한밤은 많은 일을 겪는다는 사실을 알 수 있다. 한밤은 시간이 선물을 줄 것이라고 기대했는데, 일어나 보니 어둠밖에 없어 실망하고 슬퍼서 눈물을 흘린다. 하지만 다른 아이들에게 선물을 받아 따뜻하고 행복한 감정을 갖게 된다는 내용이다. (가)는 시간이 선물을 준다니 그에 대한 기대감, (나)는 선물을 못 받은 것에 대한 실망, (다)는 실망이 아니라, 속상해 눈물이 나니 슬픔, (라)는 다른 아이들에게 선물을 받아 슬프지 않아 따뜻함, 따라서 정답은 ③이다.

4. [정답] | ⑤

[길라잡이]

상황에 맞는 행동이나 말을 추론하는 문제이다. 혼자만 아무 선물도 받지 못해 우는 한밤에게 아이들은 무엇을 해 줄 수 있는지 생각해야 답을 이끌어낼 수 있다. 선물을 받은 아이들은 기쁘겠지만 슬퍼하는 친구가 있다면 자기의 기쁜 마음을 표현하기보다는 친구를 위로해 주는 게 먼저일 것이다. 그래서 자신의 행복한 마음을 표현한 ⑤가 정답이다. 이런 경우에는 한밤을 더욱 슬프게 만들 것이다. ①, ②, ③, ④는 울고 있는 친구를 이해하고 위로해 준다는 내용을 담고 있기 때문에 지문 뒤에 나올 내용일 수 있다. 따라서 정답이 아니다.

내 꿈은 방울토마토 엄마

책을 펴는 아이들(35쪽)

1. [정답]

정원사, 수목, 장염, 수명, 모종, 도감, 추천, 안목, 거름, 궁합

[길라잡이]

단어를 익히는 방법 중의 하나는 문장이나 글 속에서 적절한 단어를 선택하는 것이다. 단어는 문장 속에서 정확한 뜻을 갖기 때문이다. 다영이의 일기에는 조금 어려운 단어도 있지만 다른 단어들과 견주어 보면 적절한 단어를 고를 수 있다. 어휘 문제는 단어들의 차이를 아는 것이 중요하다. 단어들의 차이가 해당 단어의 특징을 나타낸다. '정원사'는 '화단이나 수목을 가꾸는 것을 직업으로 하는 사람'을 뜻하고, '모종'은 '옮겨심기 위하여 씨앗을 뿌려 가꾼 어린 식물'을 뜻하고, '장염'은 일종의 '배탈'이라고 생각하면 무난하다. '수명'은 다른 말로 '목숨'이라고 할 수 있고, '도감'은 '동물이나 식물의 사진이나 그림을 모아서 실물 대신 볼 수 있도록 만든 책'이고 '안목'은 '사물의 좋고 나쁨 또는 가치를 분별하는 능력'이다. '궁합(宮合)'은 '혼인할 남녀의 태어난 연, 월, 일, 시간의 사주를 오행에 맞추어 부부로서의 좋고 나쁨을 알아보는 점'이다. 그러나 요즘에는 '사람이나 동물 등이 서로 잘 맞는지 맞지 않는지를 살펴본다'고 할 때도 많이 사용한다.

2. [정답]

㉠ 채 ㉡ 곡 ㉢ 과 ㉣ 채 ㉤ 곡
㉥ 채 ㉦ 곡 ㉧ 과 ㉨ 채 ㉩ 곡

[길라잡이]

학생들의 일부는 채소와 과일을 구분하지 못하거나 무엇이 곡식인지 모르는 경우가 많다. '채소'는 식용으로 재배하는 풀에서 나는 열매를 말하고 '과일'은 나무에 달리는 것으로서 사람이 먹을 수 있는 열매를 말한다. '곡식'은 다른 말로 '곡물'이라고도 하는데 사람의 식량이 되는 쌀, 보리, 콩, 조, 밀, 수수 등이 이에 속한다. 참고

로 수박과 참외는 둘 다 '과일'이 아니다. 둘 다 '오이 혈통'이고 오이는 '박과의 한해살이 덩굴풀'에 열리는 열매이다. 그런 점에서 바나나와 파인애플도 과일이 아니다.

책을 다시 읽는 아이들(36~37쪽)

1. [정답] | 방울토마토 세 개
2. [정답] | 피식 웃었다.
3. [정답] | 베란다
4. [정답]
   식물도감과 정원 사진 그리고 정원사와 관련된 책 두 권.
   [길라잡이]
   베란다 정원에 심을 식물과 식물을 기르는 방법에 대해 알아보려고 도서관에 갔다.
5. [정답]
   방울토마토 아가들을 보살필 때 가슴이 두근거렸던 경험이 떠올라서.
6. [정답] | 가슴속에 있는 행복한 꿈을 찾아오는 것. 또는 가슴속에 숨어 있는 꿈 씨앗을 찾아오는 것.
7. [정답]
   주말에 아빠와 꽃시장에서 모종과 꽃, 정원을 꾸밀 물건을 샀다.
8. [정답]
   꿈 발표회 때 선생님과 친구들에게 보여 주고 싶어서.

책을 깊게 읽는 아이들(38~39쪽)

1. [예시답]
   자신이 좋아하는 일을 해야 행복하기 때문이다.
   [길라잡이]
   좋아하는 일은 순간의 즐거움뿐만 아니라 그 일을 계속했을 때 발전 가능성이 있어야 한다. 그래서 좋아하는 일이 생기면 즐거울 뿐만 아니라 행복해진다.
2. [예시답]
   아영이는 방울토마토를 키우는 것을 좋아했다. 방울토마토를 키우면서 정원사라는 직업을 알았고 베란다에 정원을 꾸미고 가꾸는 일을 직접 체험했다.
   [길라잡이]
   꿈은 단순히 좋아하는 것으로 끝나는 것이 아니라 자신의 노력이 필요하다. 따라서 꿈을 이루기 위해서는 공부와 체험이 필요한 일임을 아영이의 예를 통해서 알 수 있다.
3. [예시답]
   자신의 꿈이 이루어진 상상을 했기 때문이다.
   아이들은 자신이 좋아하는 일을 떠올리기만 해도 기분이 좋다.

자신이 좋아하는 일이 꿈이 될 수 있다는 선생님의 말씀에 자신의 미래가 기대된다.
[길라잡이]
자신의 꿈이 이루어졌을 때 어떤 기분이 들지 상상해 보도록 한다. 꿈에 대한 기대감을 표현해 보며 등장인물들의 마음을 짐작해 본다.

4. [예시답]
친구들과 함께 정원을 가꾸며 자신의 꿈도 잘 가꾸어야 겠다고 생각할 것이다. 친구들과 자신의 꿈 이야기를 나누며 꿈을 이루기 위한 방법도 이야기할 수 있다.
[길라잡이]
자신의 꿈을 이루기 위해서는 자신의 노력도 중요하지만 자신의 꿈을 다른 사람과 공유하고 나누는 것도 중요하다.

5. [정답] | ②
[길라잡이]
②는 잠잘 때 꾸는 꿈을 나타내고 있다. ①, ③, ④, ⑤는 자신이 무엇을 이루고자 하는 꿈, 장래 희망을 나타내고 있다.

책을 내 것으로 만드는 아이들(40~41쪽)

1. [예시답]

	내용
좋아하는 것	책 읽기, 글쓰기
잘하는 것	말하기
마음 꿈 씨앗	동화 작가, 운동 선수, 우주 비행사, 아나운서 등

[길라잡이]
취미, 놀이, 인물, 장난감, 다양한 활동 등에서 좋아하는 일을 찾을 수 있다.

2. [예시답]
일주일에 네 권 이상 책 읽기, 매일 일기 쓰기, 가족들에게 내가 만든 이야기 들려주기
[길라잡이]
독서, 공부, 운동, 닮고 싶은 사람 찾기, 등 자신만의 꿈을 이루기 위한 계획을 세워 본다.

3. [예시답]

	아영	나
같은 점	좋아하는 것을 하면 가슴이 설레고 행복하다. 꿈을 이루기 위해 노력하고 있다.	
다른 점	정원사가 되고 싶다.	동화 작가가 되고 싶다. 우주 비행사가 되고 싶다. 아나운서가 되고 싶다.

[길라잡이]
아영이가 꿈을 갖게 된 동기와 꿈을 키우기 위한 방법 등을 비교해 보고 자신은 꿈을 이루기 위해 어떤 노력을 하고 있는지 생각해 본다.

4. [예시답]
아영아! 베란다에서 키운 방울토마토가 작은 열매를 맺

었구나. 방울토마토는 네가 이름도 지어 주고 잘 돌봐주어 쑥쑥 자랄 수 있을 거야. 방울토마토가 가져다준 너의 꿈도 방울토마토처럼 주렁주렁 열매 맺기를 바란다. 나도 네 이야기를 읽으며 나의 꿈에 대해 곰곰이 생각해 보았어. 나는 동화 작가가 되고 싶어. 내가 동화 작가가 된다면 네 이야기를 동화로 쓰고 싶구나. 멋진 정원사가 된 방울토마토 엄마 이야기 말이야. 우리 꿈을 이루기 위해 열심히 노력하자.

[길라잡이]
아영이가 꿈을 갖게 된 동기와 꿈을 이루는 과정을 칭찬해 주고 격려해 준다. 자신의 꿈과 비교해 보면 더 구체적인 편지글을 쓸 수 있다.

 ## 아이들을 위한 PSAT와 LEET(42~43쪽)

1. [정답] | ②
[길라잡이]
지문은 사람들의 마음이 편안하고 행복해지는 아름다운 정원을 만들고 싶어 한다는 내용이다. ①, ③, ④, ⑤는 사람들의 마음이 편안하고 행복해지는 아름다운 정원과 관련이 없다.

2. [정답] | ⑤
[길라잡이]
내용 이해 문제로 아영이가 아빠의 말을 듣고 어떤 기분이었는지 표현하는 문장이 핵심 내용이다. **"심장이 두근두근, 아빠 말에 설레고 기분이 좋아요."** 라는 표현에서 베란다 정원을 만들자는 아빠 말에 설레고 기분이 좋다는 사실을 알 수 있다. 나머지 답들은 지문에 나와 있지 않아서 정답이 아니다.

3. [정답] | ⑤
[길라잡이]
미래에는 환경과 사회에 어떤 변화가 생길지 이야기를 나누고 미래 환경과 사회에 필요한 직업을 짐작해 본다. ① 미용사(미래에도 필요한 직업이지만 새로운 직업은 아니다.) ② 얼음 장사(미래에도 얼음은 필요하지만 얼음 장사는 새로운 직업이 아니다.) ③ 마트 사장님 (유통 시장이 바뀌면 변화가 필요한 직업이다.) ④ 택시 운전사 (자율 주행차가 많아지면 점차 사라질 직업이다.) 그러나 ⑤의 우주여행 가이드는 현재 존재하지 않는 새로운 직업이라고 할 수 있다. 물론 과학 기술의 발달이 충분하지 않으면 앞으로 20년이 지나도 우주여행이 자유롭지 않을 수도 있다. 하지만 과학 기술이 급속도로 발달하면 우주여행도 가능하고 우주여행 가이드도 충분히 할 수 있는 직업일 것이다.

4. [정답] | ③
[길라잡이]
꿈을 찾은 아영이는 기쁜 마음과 밝은 얼굴로 친구들을 대한다. 아영이의 모습을 생각하며 꿈을 가진 사람의 표정과 말투를 짐작해 본다. **"선생님 가슴에는 아직도 반짝반짝 빛나는 꿈 씨앗이 있어서 무척 행복하거든."** 이라고 말하는 선생님의 모습은 눈은 반짝거리고 미소를 띠고 있는 모습일 수밖에 없다. ① 피곤하고 지친 표정이다. (힘든 일이 있을 때 표정이다.) ② 눈이 이글거리며 엄한 표정이다.(화가 났을 때 표정이다.) ④ 명령하는 말투에 무표정한 얼굴이다.(무엇을 지시할 때 표정이다.) ⑤ 눈물을 그렁거리며 울음을 참고 있다.(슬플 때 표정이다.) 등은 정답이 아니다.

위대한 건축가 안토니오 가우디의 하루

 ## 책을 펴는 아이들(45쪽)

1. [정답]

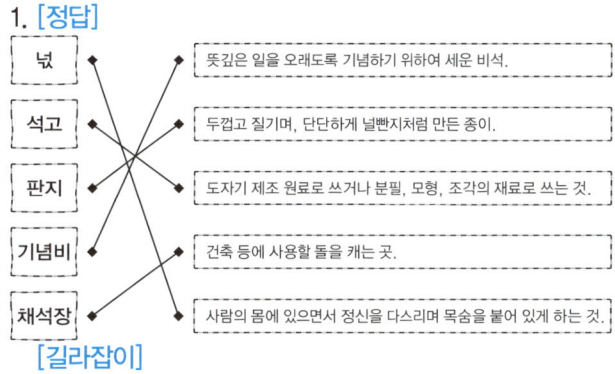

[길라잡이]
'넋'이라는 단어는 학생들에게 조금 어려운 단어이다. '넋'은 쉽게 '정신' 또는 '영혼'이라고 말할 수 있다. 사람이 죽으면 사람 몸에 있던 '넋'도 사라진다. 할 일이 있는데 멍하니 있을 때도 '넋이 나간 사람'이라고 하고, 생각을 해야 하는 사람이 제정신이 아닐 때 '넋이 나갔다'거나 '넋이 빠졌다'고도 한다.

2. [정답]
① 걸인 ② 추억 ③ 마부 ④ 장담 ⑤ 백작 ⑥ 세대
[길라잡이]
'걸인'은 보통 '거지'라고 한다. '백작'은 서양의 귀족 순위에서 셋째 작위(지위)이다. 제일 위가 '공작'인데, 그 아래로 후작, 백작, 자작, 남작이 있다. 따라서 백작은 귀족의 지위 가운데 세 번째이다. 그리고 '세대'는 '대'라는 말로도 사용한다. "너희 세대는 참 솔직하게 말을 하는구나." 또는 "이제는 우리 대에서 아이들을 많이 낳을 것 같다." 처럼 사용한다. 한 세대는 보통 30년 정도 되는 기간을 의미한다.

책을 다시 읽는 아이들(46~47쪽)

1. [정답] | 분홍색 집
   [길라잡이]
   글에는 분홍색 집이라고 나와 있지만, 그림책이므로 세분화해서 벽은 분홍색이고 지붕은 초록색이라고 말할 수도 있을 것이다.
2. [정답] | 도마뱀
   [길라잡이]
   자연과 어우러진다는 의미에서 '마을을 지키고 있는 도마뱀'이라고 다시 한번 상기시켜 준다.
3. [정답] | 생각에 빠져 다니느라.
   [길라잡이]
   책 내용을 기준으로 하면 가우디의 행동에 대한 평가를 '열정'으로 볼 수도 있지만, 부주의한 성격으로 파악하더라도 자유롭게 수용해 줄 필요가 있다.
4. [정답]
   채석장처럼 생겼다고 '채석장'이라는 뜻의 '라 페드레라'라고 불렀다.
5. [정답] | 사그라다 파밀리아 성당
   [길라잡이]
   가우디가 대단히 잘 짓고 싶은 마음에 설계를 정교하게 해서 아직도 진행 중에 있음을 덧붙여 준다(2026년 완공 예정). 가우디는 서두르지 말자고 했고, 다른 세대가 완성할 것이라는 것을 알고 설계했음을 책을 통해 함께 확인한다.
6. [정답] | 공원
   [길라잡이]
   좀 더 많은 사람들이 이용하는 것에 의미를 둔 결정임을 알고 함께 이야기해 볼 필요가 있다.
7. [정답]
   1. 가우디의 분홍색 집 → 2. 도마뱀 조형물 → 3. 카사 밀라(라 페드레라)→ 4. 카사 밀라 굴뚝 → 5. 사그라다 파밀리아 지하 → 6. 사그라다 파밀리아 → 7. 카사 바트요(뼈로 된 집) → 8. 구엘 공원 입구(과자의 집) → 9. 구엘 공원 벤치→ 10. 구엘 공원 가운데 넓은 공간
   [길라잡이]
   그림과 설명을 같이 보면서 정리하도록 한다. 아이들은 이름이 어려울 수 있으므로, 교사나 학부모는 어떤 특징을 설명하기 위한 그림인지 내용을 통해 정리할 수 있도록 도와줄 필요가 있다.

책을 깊게 읽는 아이들(48~49쪽)

1. [길라잡이]
   학생들 각자의 감상을 충분히 인정해 준다. 다만 논리적인 사고력을 기르기 위해 왜 그렇게 생각하는지를 가볍게라도 질문하고 대답을 듣고 넘어가도록 한다.
   1) [예시답]
   마을 입구의 도마뱀, 카사 밀라 지붕, 카사 밀라 창문 앞 발코니의 장식
   [길라잡이]
   전적으로 아이의 생각을 존중해 주면 된다. 다만, 표현력과 논리력을 기르기 위해 이유를 물었을 때 '그냥요'라는 대답을 지양하도록 이끌어 준다.
   2) [예시답]
   도마뱀, 카사 밀라 지붕의 (굴뚝), 카사 밀라 창문 앞 발코니의 장식(덩굴)
   [길라잡이]
   아이들이 그림책을 보면서 고른 건축물이 무엇이든 그것은 아이들의 자유임을 잊지 않아야 한다. 따라서 아이들의 생각이 가장 중요하다.
   3) [예시답]
   ㉠ 어른들은 분홍색 집을 안 좋아해서(아이 나름의 이유 예시) 놀이동산 말고는 분홍색 집이 별로 없는데 가우디의 집은 분홍색인 것이 특이해요.
   ㉡ 우리집은 정리를 위해 벽이 반듯한데 가우디가 지은 카사 밀라 건물은 벽이 구불구불해서 신기해요.
2. [예시답]
   도시에서 조금 떨어진 넓은 들판, 구불구불 시냇물을 닮은 모양, 다양하고 화려한 색, 공원, 부드럽고 화려함.
   [길라잡이]
   가우디의 건축 철학을 한 번 더 정리해 보는 데 의의를 두는 문제이다. 저학년임을 고려하여 단어를 고르도록 했다. 아이의 지적 능력이나 욕구에 따라 문장으로 쓰게 할 수도 있다.
3. [예시답]
   오랜 기간(수백 년), 모든 사람, 기쁨을 주거나 자랑할 만한 건물. (유사한 답 인정)
   [길라잡이]
   두 건축물에 대한 생각 통해 가우디의 일관된 건축 철학을 이해할 수 있도록 안내하는 문제이다. 아이들이 어려워하면 교사가 읽어 주며 답을 유도하는 것도 좋다. 여기서는 "인생은 짧고 예술은 길다."와 같은 문장을 소개하면서 한 사람의 인생보다 그 사람이 남긴 예술 작품(건축물도 예술의 한 분야)이 훨씬 길게 남아 있게 된다는 것을 이야기해도 좋을 것이다.

책을 내 것으로 만드는 아이들(50~51쪽)

1. [예시답]
종이에 평면으로 그리는 것보다 입체적으로 확인할 수 있으므로 더욱 정확하고 정교한(자세한) 설계를 할 수 있다.
[길라잡이]
좀 더 입체적이라거나 생생하다(진짜 같다) 등의 성격을 가진 답은 모두 옳은 답으로 인정해 주어야 한다. 가우디가 왜 그렇게 했는지는 책에 명시되어 있지 않기 때문에 학생들의 이야기를 잘 들어 볼 필요가 있다.

2. [예시답]
땅에서뿐만 아니라 위에서 본 모습도 아름답기를 원했기 때문이다.
[길라잡이]
비행기에서 내려다본 도시 등을 떠올리게 하며 유도해 준다.

3. [예시답]
재료, 모양, 기능 등을 완성품과 똑같은 모양의 미니어처를 만들어 볼 거예요.
[길라잡이]
건축물을 만들기 전에 더욱 생생하게 느낄 수 있는 방법을 생각해 보도록 유도해야 한다. 미니어처의 기능을 설명해 주어도 아이들에게 자극을 줄 수 있다. 아이들의 생각 중 칭찬해 주고 싶은 것을 서로 이야기하며 창의력을 기를 수 있다.

4. [예시답]
자신이 만든 예술품이 세월이 흐른 뒤에도 많은 사람들에게 기쁨이나 즐거움 그리고 편안함과 안락함 등을 제공해야 한다.
[길라잡이]
'죽은 다음에도 작품은 남아 있어야 한다. 다른 사람들에게 도움이 되어야 한다.'는 등의 내용이 담긴 답이면 출제 의도에 부합한다. 아이들이 이 두 가지를 찾지 못할 경우에는 교사나 학부모는 그것을 생각할 수 있는 부분을 읽어 주며 생각을 유도할 필요가 있다.
"넌 계속 공원을 지켜 주렴. 구엘 공원을 찾게 될 다음 세대를 위해서 말이야." 이런 말에서 우리는 좋은 예술품은 사람들이 계속 찾을 수 있는 작품이어야 한다는 의미를 찾을 수 있다.

5. [예시답]
나는 사그라다 파밀리아 성당이 인상 깊었어요. 살아 있을 때 완성하지 못할 건물을 설계했다는 것도 신기했지만 자신이 죽은 다음에도 많은 사람이 오래오래 기억할 수 있는 건물이 중요하다는 생각을 했습니다.

[길라잡이]
다양한 갈래 글을 소화하기 어려운 모둠의 경우는 교사나 학부모는 갈래를 정해 주고 글을 쓸 수 있는 발문을 해 주어 원활하게 표현할 수 있도록 안내할 필요가 있다. 가령 할아버지께 편지를 쓸 수도 있고, 하나의 건물을 최대한 자세하게 설명하는 설명문을 쓸 수도 있으며, 건물에 대한 자신만의 느낌을 일기로 쓸 수도 있다. 모둠 수업의 경우 모둠원이 정한(또는 교사가 정한) 하나의 건물을 모둠원의 의견을 모아 소개하는 방법을 선택해도 좋다. 협동심을 기를 수 있기 때문이다.

 아이들을 위한 PSAT와 LEET(52~53쪽)

1. [정답] | ⑤
[길라잡이]
가우디의 고민 속에 담긴 간접 표현을 읽어 내도록 유도하는 문제이다. 사람의 말과 행동을 통해 그의 성격이나 심리를 읽을 수 있어야 문제를 제대로 풀 수 있다.
가우디는 사람들의 생각이 꽉 막혀 있다고 생각하고, 편견을 버리지 못하는 것을 안타까워하고 있는 것으로 보아, 자신의 생각을 접고 사람들이 원하는 편리한 집을 짓거나 사과하거나 돈 걱정을 하는 모습은 적절한 답이 아니다. 그래서 ①, ②, ③, ④는 정답이 아니다. "생각이 꽉 막힌 사람들 같으니라고", "편견을 버리고 새로운 상상력을 가지는 게 뭐가 그리 어려울까?"라는 말에서 가우디의 마음을 알 수 있다. 그리고 사람들의 불평 중에 집의 벽이 구불구불하고 동굴 같다고 한 이야기를 보면, 가우디가 자연을 닮은 집을 지었음을 알 수 있으므로 ⑤가 답이다.

2. [정답] | ④
[길라잡이]
이 문제는 전체의 내용을 근거로 두 사람의 공통점을 추론하는 문제이다. 이 문제를 풀기 위해서는 구엘의 말과 가우디의 말을 통해 인물의 성격을 먼저 파악하는 것이 좋다. 그리고 이러한 상황을 어떻게 해결했는지를 확인하면서 그들의 공통점을 생각하면 무난히 정답을 추론할 수 있다.
구엘 백작이 "우리 같은 외로운 노인네 둘만 살려고 이렇게 멋진 마을을 지은 것도 아닌데 말일세. 이곳을 누구나 올 수 있는 공원으로 활용하는 게 좋겠어."라며 지금의 상황을 분석해서 이야기했고, 공원으로 활용하자는 제안을 했다. 그 이유도 충분히 알 수 있도록 설명하고 있다. 이런 점에서 이들은 어려운 일을 쉽게 포기하는 사람들도 아니고, 다른 사람보다 자기 자신을 생각하는 사람도 아니다. 그렇다고 해서 자신의 생각보다 다른 사람의 생각을 중시하는 것도 아니다. 왜냐하면 여기서는 친구의 생각에 동의하기는 해도 다른 사람을 생각하는 마음과는 거리가 멀기 때문이다. 그리고 전체적으로 처음 생각을 접었다는 점에서 뜻대로 안 되면 다른 방법을 동원하여 처음 생각을 끝까지 밀고 나가는 사람들도 아니다. 따라서 ①, ②, ③, ⑤는 정답이 아니다. 안토니오 가우디가 그것을 억지로 따른 것이 아니고 흔쾌히 "훌륭한 생각이야! 이제 여길 구엘 공원이라 불러야겠군."이라고 찬성하는 말을 한 것으로 보아 둘의 성격을 ④처럼 상황을 인정하고, 가장 좋은 방법을 찾으려고 한다고 추론할 수 있다.

빨간 벽

책을 펴는 아이들(55쪽)

1. [예시답]

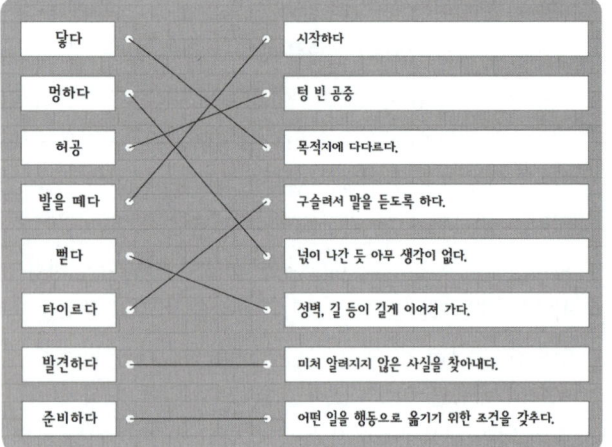

[길라잡이]
단어와 설명을 제대로 연결했다면 그 단어를 활용한 짧은 문장의 예를 들게 하여 단어의 뜻을 정확하게 알 수 있도록 한다.

2. [정답]
① 넘어 ② 넘겼다 ③ 너머 ④ 넘어 ⑤ 너머
[길라잡이]
'넘어'는 동사 '넘다'가 기본형이다. '넘어'는 '어떤 물체를 건너 지나가는 실제의 동작'을 나타낸다. 그러나 '너머'는 명사로 '높이나 경계로 가로막은 물건이나 대상의 저쪽 또는 그 공간.'을 뜻한다. 쉽게 말하면 '너머'는 장소를 나타낸다. 위 문장에서 ②는 "어려운 순간을 '넘겼다'.", 라고 해야 자연스럽다. '넘다', '넘겨', '넘었다'라고 마무리하면 어색하다. 그리고 "산을 넘어갔다."라고 할 때는 '넘어'를 사용하지만 '산 너머 산'이라고 할 때는 산 저쪽을 뜻하기 때문에 '너머'를 사용한다.

책을 다시 읽는 아이들(56~57쪽)

1. [정답] | 빨간 벽 밖의 세상
2. [정답] | 아는 동물이 없었다.
3. [정답] | 빨간 벽 밖에서 날아왔다.
4. [정답] | 빨간 벽 너머 아름다운 세상
5. [정답] | 색색 가지 아름다운 모습
6. [정답]
마음과 생각을 활짝 열어 놓으면 사라질 것이라고 말했다.
7. [정답] | 벽은 처음부터 없었어.
8. [정답] | 하나씩 벽을 통과해서 걸어나갔다.
9. [정답] | 사자
[길라잡이]
책을 다 읽은 아이들이 문제를 풀기 위해서는 다시 한번 전체의 줄거리를 생각해야 한다. 책 내용을 한 번 더 읽는 효과를 낼 수 있다. 문제를 잘 정리해 보고 확실하지 않은 부분은 다시 확인할 필요가 있다. 위 문제에서 사자는 "벽 뒤에는 아무 것도 없어. 그냥 커다랗고 시커먼 없음이 있지."라고 한 말을 근거로 사자는 알고 있었다고 말하는 아이도 있지만, 실제 벽 너머의 세상을 보면 그렇지 않다는 사실을 알 수 있다. 따라서 사자도 알고 있지 않다고 이야기할 수 있다.

책을 깊게 읽는 아이들(58~59쪽)

1. [예시답]
"눈 닿는 데까지 뻗어 있었다."는 말은 주위가 모두 빨간 벽으로 둘러싸여 있다는 뜻이다. / 빨간 벽이 아주 멀리까지 나 있고 그 벽으로 주위를 둘러싸고 있다는 뜻이다.
[길라잡이]
여기서는 문장의 의미를 정확하게 이해하는 것이 중요하다. 우리는 일상생활에서 "눈 닿는 데까지 뻗어 있다."라는 말을 잘 사용하지 않는다. 그래서 아이들은 이 문장의 의미를 이해하기 어려울 수 있다. 학부모나 교사는 한 번 더 설명해 줄 필요가 있다.

2. [예시답]
"커다랗고 시커먼 없음이 있지."라는 말은 "아무것도 없다."라는 말을 다른 식으로 표현한 것이다. / 단지 "무섭다."는 마음을 표현한 말이다.
[길라잡이]
우리는 평소에 "없음이 있다."라는 표현을 잘 사용하지 않는다. 마치 '침묵의 소리'와 비슷하다고 할 수 있는데, '없다'는 말과는 조금 다르다고도 할 수 있다. '아무것도

없는 것이 보인다.'는 말과도 비슷해서 아무것도 보이지 않는다는 것의 다른 표현이라고 설명해 주어도 무방할 것이다.

3. [예시답]
처음 예상했던 모습과는 전혀 달랐다. / 이 모습을 다른 동물들에게도 알려 주어야겠다고 생각했다. / 이렇게 아름다운 모습을 어째서 모르고 있었을까?

[길라잡이]
책 속에는 생쥐가 벽 너머의 세상을 보고 "친구들에게 말해 줘야겠어."라고 말한다. 그러나 이것만이 정답이라고 생각할 필요는 없다. 여기서는 학생들의 생각을 말해도 된다. '마음속의 벽'을 이야기해도 좋고, 다른 이야기를 해도 좋다. 다만 그 이유가 전체의 흐름에 맞아야 한다. 그렇지 않다면 뜬금없는 표현이 될 수 있기 때문이다. 학생들 스스로가 '내가 생쥐라면 어떤 생각이 들까?'를 깊게 생각한 결과가 전체의 맥락과 부합한다면 문제의 취지를 제대로 살렸다고 할 수 있다.

4. [예시답]
처음부터 벽은 없었는데, 꼬마 생쥐가 벽이 있다고 생각했던 것이다. / 파랑새에게는 처음부터 벽이 보이지 않았는데, 꼬마 생쥐가 마음속으로 벽을 만들었기 때문에 벽이 있다고 생각한 것이다. / 벽이 있는 것이 당연해 보이지만, 그것은 처음부터 잘못 본 것이다.

[길라잡이]
책 전체의 내용 가운데 이 대목이 가장 중요한 부분이라고 할 수 있다. 마음의 벽을 허무는 순간이기 때문이다. 우리가 생각하는 대부분의 벽은 우리 스스로가 만든 벽이라는 것을 강조할 필요가 있다. 마음과 생각의 문을 여는 것이 중요하다고 생각해야 한다.

5. [예시답]
앞의 그림은 마음이 닫혔을 때를 나타내고, 뒤의 그림은 마음을 열었을 때는 나타낸다. / 앞의 그림은 마음의 벽이 있을 때 회색으로 보이고, 마음의 벽을 열면 총천연색으로 보인다는 것을 보여 주고 있다.

[길라잡이]
그림책은 글도 중요하지만 그림이 더 중요할 때가 많다. 그림책에서는 점하나 동작 하나하나가 전부 중요하다. 그리고 이 그림책처럼 면지들이 의미가 있을 때도 있다. 학부모나 교사는 표지 그림과 더불어 면지의 그림에 관해 설명해 줄 필요가 있다.

 책을 내 것으로 만드는 아이들(60~61쪽)

1. [예시답]
마음의 벽 / 다른 친구에게 마음을 잘 열지 못하는 경우가 있다. / 내가 잘못했는데 사과를 하지 못하는 경우가 있다. / 잘 알지도 못하는 사람에 대하여 미리 짐작해서 말하거나 평가하는 경우가 있다.

[길라잡이]
이 문제는 아이들이 마음을 활짝 열지 못하는 경우가 있는지를 물어보는 문제이다. 이에 함축된 내용은 마음의 벽이 있을 때 어떻게 해야 그것을 허물 수 있는가 하는 것이다. 다른 친구들은 어떻게 하고 있는지에 대해 이야기를 나누면 좀 더 쉽게 자신의 문제점과 해결책을 알 수 있을 것이다.

2. [예시답]
두려워하거나 무서운 것을 없애기 위해서는 그런 상황에 익숙해져야 한다. / 선생님이나 다른 사람이 두려운 경우에는 자신의 마음을 솔직하게 이야기해 볼 필요가 있다. / 다른 친구나 아는 어른에게 자신이 두려워하는 것을 이야기하면 나를 생각해 줄 수도 있고 해결책을 들을 수도 있다.

[길라잡이]
이 문제에 대해서는 여러 가지 답이 있을 수 있다. 학생 중에는 '없다'고 말하는 경우도 있을 수 있다. 그런 경우에는 다른 사례, 예컨대 밤길을 혼자 간다거나 집에 아무도 없는 경우라거나 친구들이 그렇게 말한 친구를 왕따시키는 경우를 예로 들어 이야기해 볼 수 있다.

3. [예시답]
어떤 일을 할 때, 해 보지도 않고 일단 "나는~안 될 거야."라고 하거나 도전해 보지도 않고 "나는 할 수 없어."라고 말하는 경우이다.

[길라잡이]
여기서 말하는 벽은 마음의 벽을 이야기하는 경우이다. 해 보지도 않고 무조건 안 된다고 생각하거나 친구들을 사귈 때, 얼굴만 보고 미리 판단하거나 하는 경우도 이런 경우에 해당할 것이다. 마음의 벽은 자신이 없애려고 마음을 먹으면 없앨 수 있다는 것을 이야기해 주어야 하고, 학부모나 교사는 아이들을 도와줄 마음이 있다는 것을 말해 줄 필요가 있다.

4. [예시답]
① 나는 꼬마 생쥐가 파랑새를 타고 벽을 넘어가는 장면이 마음에 들었다. 가슴이 확 넓어지는 기분이 들었기 때문이다.
② 나는 파랑새가 "네가 마음과 생각을 활짝 열어 놓는다면 그 벽들은 하나씩 사라질 거야."라고 말한 문장이 마음에 들었다. 혹시 나도 마음을 닫아 놓은 경우가 있을지도 모른다는 생각이 들었기 때문이다.

[길라잡이]
독서지도의 문제점 중의 하나는 교재나 선생님이 정한

문제나 흐름 중심으로 진행될 수 있다는 점이다. 이 문제는 학생의 입장에서 생각해 보는 문제이다. 학부모나 교사는 아이들은 어떤 문장, 어떤 그림이 마음에 들었는지를 잘 살펴볼 필요가 있다.

5. **[예시답]**

간다는 입장 : 나는 갈 것이다. 다른 친구들이 걱정하는 것은 이해하지만 그곳에 가면 궁금한 것을 해결할 수 있을 것이고, 만약 어려운 일이 발생한다면 그것 역시 경험이 되기 때문이다. 꼭 가보고 싶은 곳이라면 좋든 나쁘든 다른 친구들에게 그곳 이야기를 해 줄 수도 있을 것이다.

가지 않겠다는 입장 : 나는 가지 않겠다. 나를 걱정하는 친구들의 말도 믿어야 하고 일단 안전한 것이 제일이기 때문이다. 친구들이 나를 걱정하는 데는 그만한 까닭이 있을 것이다. 친구들을 믿을 필요가 있다. 물론 나를 걱정하는 사람들의 말투나 태도를 볼 필요가 있겠지만 가지 말라고 하는 친구가 더 많다면 나는 가지 않겠다.

[길라잡이]

이 문제에는 정해진 답은 없다. 자기 입장을 밝히고 난 후에 그에 따른 적절한 이유를 제시하면 된다. 그러나 학부모나 교사는 아이들에게 아무것도 하지 않으면 얻을 수 있는 것도 별로 없다는 사실을 알려 줄 필요가 있다. 도전하는 마음이 중요하고 친구들이 마음을 읽는 것이 중요하다고 말해 주도록 한다.

 ## 아이들을 위한 PSAT와 LEET(62~63쪽)

1. **[정답]** | ④

[길라잡이]

이 문제는 적절한 근거를 찾는 추론 문제이다. 여우는 "나처럼 행복해질 테니까."라고 말하는데, 그 이유는 바로 앞에 있는 '뭐든 있는 그대로 받아들이기' 때문이다. 따라서 정답은 ④이다. 여우가 씩 웃은 것은 꼬마 생쥐의 질문이 가치가 없다고 생각했거나 자신과 상관이 없다고 생각했기 때문이지 행복해서라고 보기는 어렵다. 그리고 여우는 질문이 많으면 행복하지 않다고 생각한다. 그러니 자신은 질문도 많이 하지 않는다는 것을 뜻한다. 그리고 벽 뒤에 뭐가 있는지 모르건 알건 여우는 별로 관심이 없다. 따라서 ①, ②, ③은 정답이 아니다. 꼬마 생쥐가 여우에게 물은 것은 단순한 질문으로 여우가 행복한 까닭과는 관계가 없으므로 ⑤도 정답이 될 수 없다.

2. **[정답]** | ④

[길라잡이]

이 문제는 글의 핵심을 찾는 문제이다. 꼬마 생쥐에게 하는 말은 '네 인생에는 수많은 벽이 있을' 텐데, '어떤 벽은 다른 이들이 만들어 놓지만 대부분은 네 스스로 만든 것이다. 그러나 '네가 마음과 생각을 활짝 열어 놓는다면 그 벽들은 하나씩 사라질 거'라고 이야기하고 그 후에 '넌 세상이 얼마나 아름다운지 발견할 수 있을' 것이라는 말을 하고 있다. 이 말에서 ①과 ⑤의 '스스로 만든 벽'과 '다른 이들이 만들어 놓은 벽'은 지문에서 말한 '인생의 수많은 벽'들 중의 하나이고 ②의 '내 인생의 수많은 벽'은 인생의 장애가 되는 생각이나 마음을 이야기하는 것일 뿐 글의 핵심이 아니다. 글의 핵심은 이런 장애가 되는 생각이나 마음을 어떻게 해결하느냐에 달려 있을 것이다. 이것은 ④처럼 마음과 생각을 열면 인생의 수많은 벽이 사라진다는 것이 핵심이라고 말할 수 있다. 따라서 정답은 ④ '마음과 생각을 열어 놓은 것'이다. 마음과 생각을 열면 아름다운 세상을 볼 수 있다는 말은 그 후의 결과라고 할 수 있다. 그 결과는 마음과 생각을 연 다음의 문제이니까 여기서는 핵심이라고 말할 수 없다. 따라서 ⑤도 정답과는 거리가 멀다. 쉽게 말해 벽은 마음과 생각을 열면 사라진다는 것이다.

3. **[정답]** | ①

[길라잡이]

이 문제도 적절한 근거를 찾는 추론 문제이다. 주장 또는 의견과 근거를 찾는 문제는 항상 중요하다. 이와 같은 것들은 핵심을 이해하는 데 중요하기 때문이다. 꼬마 생쥐가 아름다운 세상을 발견하고는 '여기는 껌껌하고 으스스할 거라고 생각했'는데 그 까닭은 바로 뒤에 나오는 '내 친구들이 그렇게 얘기했'기 때문이다. 그러므로 정답은 ①이다. 그곳은 실제로는 아름다운 세상이었기 때문에 ②의 실제로 껌껌하고 으스스했다는 것은 사실이 아니며 이유도 아니다. 아름다운 세상을 발견했기 때문에 이곳이 껌껌하고 으스스할 거라고 생각한 것도 아니다. 따라서 ②와 ③은 정답과 거리가 멀다. 꼬마 생쥐는 껌껌하고 으스스할 거라고 생각했으니까 상상도 못했다는 ④도 정답이 아니다. 그리고 파랑새와 꼬마 생쥐가 함께 벽을 넘은 것과 그곳이 껌껌하고 으스스할 거라고 생각하는 것은 아무런 상관이 없다. 따라서 ⑤도 정답과는 거리가 멀다.